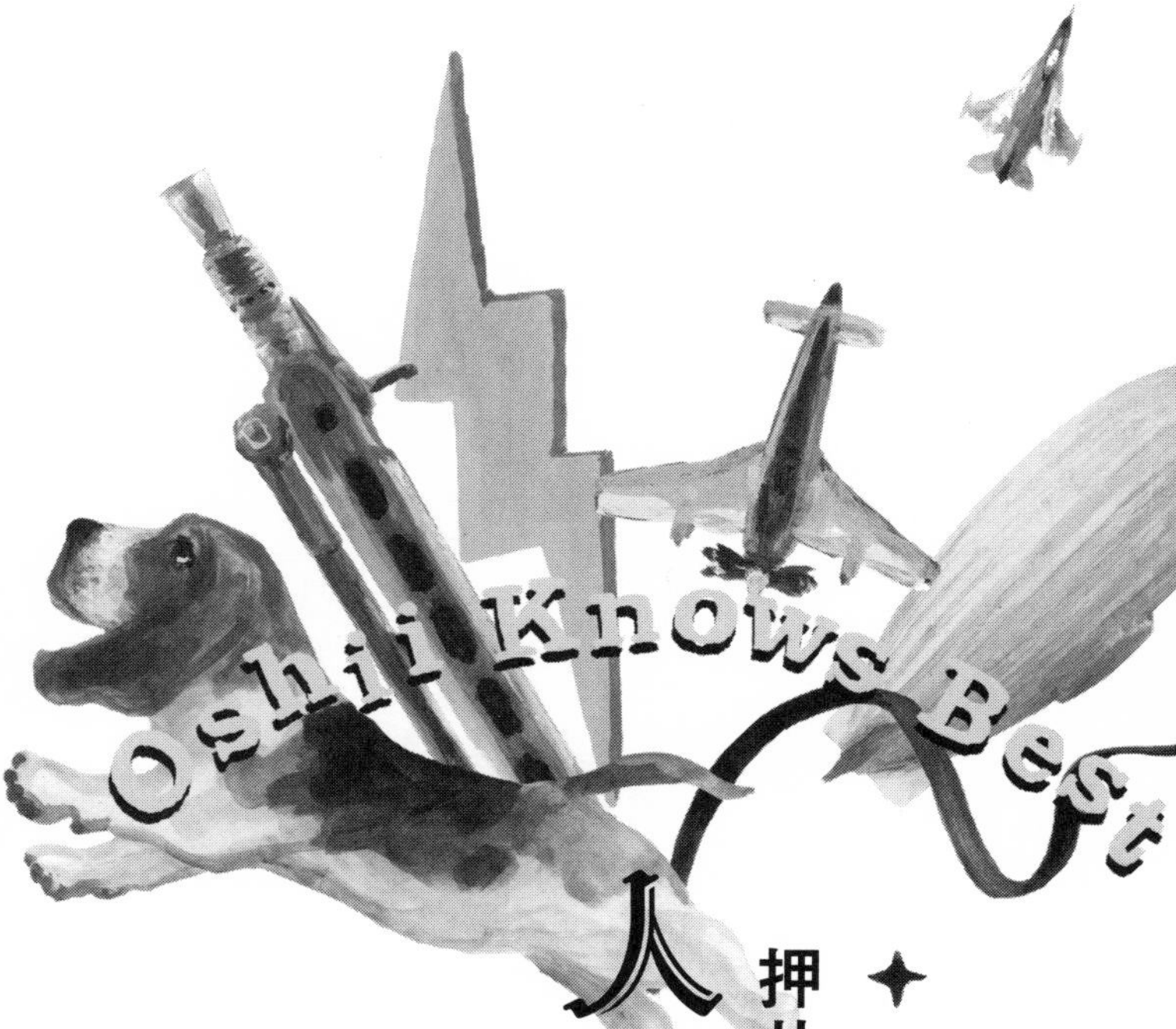

押井守の人生のツボ 2.0

押井守
構成・文／渡辺麻紀

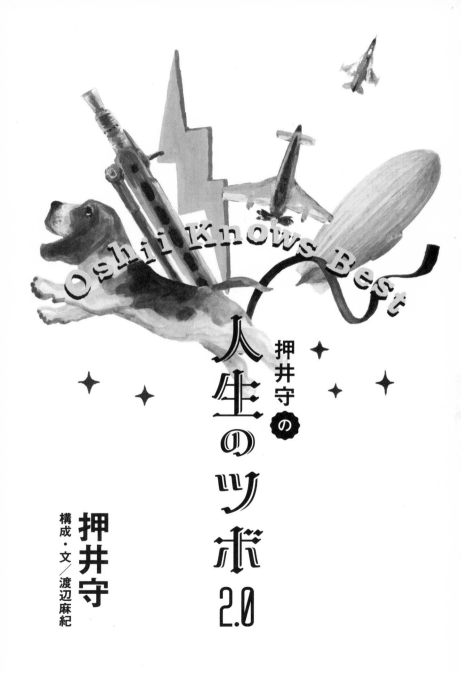

まえがき

人生に悩みの種は尽きないようです。

生きることは悩ましい事態の連続であり、悩むことこそ人生の実態そのものである、とおシャカさまも言っているくらいですから、おそらく人間は悩むように作られているのでしょう。そして、その悩みを誰かに打ち明けたい、聞いて欲しい、相談にのってもらいたいと思うこともまた、人間がそのようにでき上がっているからなのでしょう。

まるで他人事《ひとごと》のように書いていますが、それは他人事だからなのです。

実は何を隠そう（というほどのことでもありませんが）、かく言う私は「一身上の悩み」というやつを誰かに相談したことが一度もないのです。悩んだことなんか一度もない、ワンコやニャンコのように無意識の世界に生きてきた、というわけではもちろんありません。それどころか、人並み外れた物量の煩悩を抱えて生きてきましたし、こう言ってよければ生ける煩悩、自走する煩悩、自己完結した煩悩のカタマリとして生きてきたと言っても過言ではありません。なにしろ生まれついての妄想人間であり、だからこそ映画監督になってしまったのですから、これはもう当たり前の話なのであって、それこそ野坂昭如の昔のＣＭどころの騒ぎではなく「みんなより悩んで大きくなった」のです。だからといって大物になったかどうかは、また別の話ですが。私だって人の子ですから悩みがない、などということはあり得ません。なにしろ神の子だって最後はゲッセマネで悩んだのですから、ただの凡俗に過ぎない私が悩まないわけがない。ただそのことを誰かに相談したことがない、というだけのことです。悩みごとを誰に相談するでもなく、ではどのように解決してきたのかというと、つまり「成り行きまかせ」にして生きてきただけなのです。成り行きで進学も進路も決めたし、成り行きで学校に行かなくなったし、成り行きで就職も結婚も離婚もしたし、成り行きで映画監督にもなりました。どうせ他人の都合でこの世に生まれてきたのですから、主体性も自由意志もカンケイありません。まあ、本当にカンケイなかったかどうかはともかく、斯《か》くあろうとして生きてきたことは確かです。

そんな私が人生相談の本を出すなどとは夢にも思っていませんでした。

これもまた成り行きで決めた次第です。

そんなことでいいのか、と思われるかもしれませんが、それでいいのです。

人生相談なるものと無縁に生きてはきましたが、他人《よそ》さまの悩みごとには常に深甚な興味があり、それが他人事だからこそ「一身上の悩み」というやつの正体について、原則的な思考を組み立てることができるのです。およそ「一身上の悩み」なるものは、それを言葉にした時点で、それを文字にした時点でその実態を、つまりリアルを喪失するものであり、本人にとっても訳が判らなくなっているものなのです。それを丁寧に解きほぐし、あるいは段平《だんびら》振り回して解体してみないことには、いかなる回答も無意味で当たり障りのないお慰みにしかなりようがありません。私は映画の中ではさんざん嘘をついてきましたが（それが仕事なのですから当たり前です）、実人生ではリアリズムを追求する主義なので、相談者にとって直ちにお役に立つ回答にはなっていないかもしれませんが、それは致し方ありません。

他人事だと思っていい加減なこと言いやがって、と思われるかもしれませんが、他人事だという大前提に立つからこそ、ツボを押さえた回答になり得るのです。

「人生のツボ」という書名を決めた由縁でもあります。

相談者本人はともかく、他人事としてこの書を楽しく読まれる読者にとって、生きる上でお役に立つことが些少なりとも示されるならば、著者としてこれに過ぐる幸いはありません。

謹申《つつしんでもうす》。

2019／7／12　押井守

目次

- 本書は２０１９年に発行された『押井守の人生のツボ』の内容はほぼそのままに、「新たな悩み」と「押井守×渡辺麻紀のあとがき対談」を追加した増補版です。
- 本書記載の事項はすべて取材当時のものです。
- 文中では、敬称を略させていただきました。

第一章

仕事

Q たくさんの仕事を抱えてパンクしそうです

（会社員・30代・男性）

不器用な性格で多くのことを同時にこなすのが苦手です。ですが、上司にそんな甘えたことも言いにくく、多くの仕事を抱えてパンク寸前です。手が回らないところはかなり適当になっています。どの仕事も器用に、同じくらいのエネルギーを注いでこなしたいのに……。押井さんは多くの仕事をどうやってこなしているのですか？

A **「誰にも判らない手抜きをマスターする。仕事に優先順位をつける。そして、すべての仕事がパーフェクトにできると思うな」**

押井　人間のキャパシティがそれぞれ違うのは当然です。仕事だけじゃなく、生活にもキャパシティがあって、わたしの場合、仕事のキャパはわりと大きいけど、生活のほうは小さい。

——ということは、それぞれの人間には決まったキャパがあり、それをいろんなカテゴリーに振り分けているわけですか？

押井　それだけですね。わたしに関しては生活部分がかなりいい加減。洗濯は大好きだけど掃除は嫌い、とかね。掃除が面倒くさいときは、まとめて断捨離してケリをつける。モノに執着がないんで、スイスイ捨てられる(笑)。食べるものも、この2～3年同じものばかり。生活においては極限まで手を抜いてます。

——同じものって、何を食べてるんですか？

押井　トースト。

——朝ですよね。夜は？

押井　トースト(笑)。2年くらい前にすばらしいオーブントースターを買ったんだけど、これで焼くと本当にパンが美味しい。それに合わせてバターにも凝っているので、家での食事はほぼトースト。東京の家には食器も置いてなくて、唯一あるのはイヌ用のご飯皿。それで食べてます(笑)。ナイフとフォークはあるけど、箸はないし、お鍋も何もないから。

——それは究極の食環境ですね。

押井　だから、この相談者に言いたいのは、**仕事に一番キャパを使いたいのなら、余計なことをするな**、です。あとは仕事のやり方。これはちょっとした工夫が必要になる。

——この人の場合は「器用に、どの仕事も同じくらいのエネルギーでやりたい」そうですよ。

押井　それは無理です。そういう理想を追求すると、自分を追い込むだけ。

——この相談者は真面目なんですね。仕事をちゃんとこなして「仕事ができる人」とみんなに思われたい。でも、その「仕事ができる人」というのは、実は「手抜きも上手い」という事実を受け入れれば、わりと簡単に悩みをクリアできるのでは？

押井　いや、順番からすると、それができないから悩みになっている。手抜きと言っても、すぐバレるような手抜きはダメ。わたしのように誰にもバレない手抜きにしなきゃいけない。わたしは手抜きの天才と言われていますから。

——どんなバレない手抜きなんですか？

押井　それはあんまり言いたくないんだけど……たとえば企画書を出せと言われた場合。わたしはそのケースが多いわけですけど、基本的に一晩で書いて次の日には出す。

——いままで溜めていたのをアレンジして、出しているんじゃないですか？

押井　その通り！　企画なんて20、30書いて、やっとひとつ通れば御の字。それをわたしは40年も続けてきたんだから、たくさんのストックがあるわけです。

——ミソなのは、それをアレンジするところですね。

押井　求められている企画に合わせてアレンジする。あるいはそのプロデューサーの好みというか、その人の優先順位を聞いて、カスタマイズするわけです。アクションを求めているんだったら、もっとアクションを増やすとか。わたしは、これまで書いた自分の企画に強い執着心があるわけではないので、アレンジに対してはオープンです。

——でも、それだけストックしているのは執着心の表れなのでは？

押井　違います。ケチな性分だからです。わたしは、一度書いたものを無駄にしたくない。というのも、それを書いたときは、それこそリサーチをやりまくり、手抜きなしで一生懸命書いている。努力のたまものです。干されていた3年間、企画書ばかり書いていたから。いまだにたくさんのストックがある。

そう、この人に言いたいのは、これまで溜め込んできたストックも利用しよう、というのもあるかな。

——押井さん、この相談者はまだ若いので、そういうストックはないんじゃないですか？

押井　どんな仕事かにもよるから、確かにこの手法が通用するかは判らない。そういう人へのアドバイスとしては、物事にも仕事にも優先順位があること。仕事が重なったら優先順位を付けてこなしていくこと。さらに、相手が何を望んでいるのか、それも考えること。手抜きをする場合は、相手に判らないように巧妙にやってみる。こういうことを伝授しておきます。

そしてもうひとつ、この人に言っておきたいのは、やった仕事をすべて評価されたいと考えるほうがおかしいということ。パーフェクトを求めるなとも言っておきたい。

Q 理不尽なことばかり言う上司

（会社員・30代・男性）

僕の上司のことでご相談です。この上司がかなり要注意人物でして、彼の承認をとって進めていた案件でも、都合が悪くなると「俺、そんなこと言ってねーよ」と責任を放棄してしまうんです。取引先との商談でも、そのときは、「ぜひぜひお任せください」なんて調子いいことを言っているのに、数日経つと「は？　そんなこと言ってねえし。お前がなんとかしといて」と僕に振ってきます。正直、尻拭いの日々に、もう我慢の限界。アイツの顔を見るだけで生理的嫌悪感を覚えてしまいます。そんな人と仕事をしなければならないとき、押井さんならどうやって乗り切りますか？

A 「そういう上司は説得も理屈も無駄。その上司より力のある人物と組むか、それができないならテロを起こす。その場合は、腹をくくれ！」

押井　自分の言ったことを忘れるというのは、わたしにもよくある。助監督や記録係、アニメの制作現場でもしょっちゅう言われている。そのたびに「そんなこと言ったっけ？」になる。

――「言ったっけ？」は、よくあることですよ。でも、この相談者の上司は「言ってねーよ」です。自分の言ったことを完全否定してる。私もそうですが、自分を信用していないので「言ったっけ？」となるわけでしょ？　この上司は、驚くほど自分を信用してますよ。

押井　わたしも自分を信用してないね。ドアの鍵をかけたかどうか、何度も確かめないといけない。いつも妄想ばかりして、どこかうわの空で生きているので、まったく自分の言動を信用していない。この上司はわたしや麻紀さんとは正反対の人間だよね。自分を過信しているというか、自分しか見えていない。そういう人間はたまにいます。

――でも、そのなかには、断言することで力を得る人もいますよね。たとえば、映画評論家の中には「この監督は、これを観て影響を受け、この映画を作ったんです」と言い切って、「作ったと言われている」とか「作ったのではないか」というように、ボカしたりしない。この断定によって、たとえそれが勘違いであっても、その評論家の言葉が事実になる。

押井　それはまるで、わたしのことを言っているようじゃないですか(笑)。わたしはよく「おまえはウソつきだけど、ウソをついてる自覚がない。それはおまえのどうしようもないところであるが、強みでもある」と言われてます。これは当たっていて、わたしはそれが真実だと確信してしゃべっている、そのときは。宮さん（宮崎駿）もそればっかり。断定しないといけない仕事を生業にしている人の多くはそうなってしまう。

——映画やアニメの監督の場合、断定しないとスタッフの人たちが困るでしょうが、押井さんは『友だちはいらない。』では、「現場では決めない」と言ってましたよ。

押井 そういう傾向が強いものの、絶対に決めなきゃいけないときは決めています。いま決めてくれなきゃ前に進めないという局面だったら「じゃあ、こっちで」くらい決めますよ。それは「方針を示す」ということです。

——上に立つ人に、部下が求めることですね。

押井 でも、忘れちゃいけないのは、人間的に優れているから、その人が上司になったわけではないということ。だから、この相談者の上司のような人が出てくる。

この「方針を示す」ということは、上司の立場に就く人間にとってもっとも重要なことです。だから、間違っていてもいいから示してみる。逡巡するのが一番ダメ。スタッフは「どうしますか?」と尋ねてくるけれど、必ずしも正解を求めているわけじゃない。「指示を出してくれ」と言っているだけ。それを出さない人が上に立つととんでもないことになる。戦争だったら、もう悲劇です。

——この相談者の上司はどうですか?

押井 上に立つ人ではないよね。上に立つ人は、間違っていたら謝ることもできなきゃいけないの。わたしも「ひとまず」方針を示すだけだから、それがのちのち間違っていたということにもなる。わたしの場合、結構なる(笑)。で、そのときは「ごめん」と謝っちゃう。「いまさら、何て迷惑な！」とみんなにブーブー言われるけれど、そこは潔く謝ってしのぐ。一番悪いのは、ダメと判っていながらずるずると続けること。本当に取り返しのつかないことになるから。

——謝るのを「恥」と感じる人はたくさんいるんじゃないですか。友人関係でもよくいますよ。

押井　どちらが恥かを考えれば判る。取り返しがつかなくなるほうが恥です。決まっているじゃない。だから「優先順位」を付けることが重要なんです。それに、謝っても許してくれない人間はいないから。なぜかというと、上に立つ人間が頭を下げているからです。逆に下の者がミスって謝ると「それで済まされるか！」になっちゃうけど。

——それは辛いじゃないですか。

押井　基本的にはそういうものなんだよ。でも、その部下のおかしたミスの責任を取るのは上司だからね。それが仕事上の人間関係になる。そういう視点でこの相談者の上司を見ると、責任を取るつもりさえない。

——だから上に立つべき人間ではないんですが、立ってしまったわけだから、部下としてはどうすればいいか、ですよね。

押井　まず、こういう人間に「説得」はありません。無駄です。録音テープで録ったとしても逃げるし、書面に残してもダメ。いい例が中国や韓国、北朝鮮だよ。１００の証拠を並べても、彼らが捏造と言えばそれで終わりだから。１００の議論をやっても相手が認めなければそれで終わり。世界史を見ればそれは一目瞭然です。いま挙げた国だけじゃなく、アメリカもやっていること。要するに力関係の問題になる。力関係で通るか、通らないか。

「国際関係には、ことの是非はない」

これはわたしの大好きなエッセイスト、山本夏彦さんの言葉だけれど、100パーセント正しい。国際社会に正義も道理もないから、いまだに世界のあちこちで戦争が続いている。では、小国が大国相手にどうやって自分の筋を通せばいいのか？　もっと強そうな国と同盟関係を結べばいい。

――この相談に当てはめると「その上司より、もっと力のある人物と手を組め」ですか？

押井　そうです。どうしようもない人間に自分の運命が左右されるのがイヤならば、そういう強力な人材を探す。ソイツと同等か、あるいはそれ以上の人間と関係を結べばいいんです。「アイツ、どうにかしてくださいよ」と言ってみると、一気に問題が解決すると思う。これはオススメです。

――そういう人材がいなかった場合は？

押井　もうひとつはテロです。暴力的なことじゃなくて、相手の思いもしない行動をとってみる。相手が対抗できない方法で何事かを起こす、独断でやっちゃう。何をやっても「言ってねえし」なら、何をやろうが同じですから。

――もし、それがヤバい結果になったらどうします？

押井　その上司が責任を取るんですよ。そのイヤなソイツも所詮、会社員だから、部下の責任は取らざるをえない。そのときに、やっとこっちを向く。わたしがよく使う手です。相手に責任を取らせる方法を考えればいい。最近、流行のバイトテロも結果的にそれに似たものになる。あれは上司が一番困ることじゃない？　店長のクビが飛ぶからね。バイトくんが一生懸命がんばって売り上げが上がったとしても、本部に認められて給料が上がるのは店長だけでしょ。だから悪いことの責任もその店長が取らなきゃいけないわけですよ。

――それを実行するには、勇気も必要ですよね。

押井　もちろんです。そういう根性もなしに上司を責めてもしょうがない。いい上司がいて、上司や会社に評価され、出世して行くなんて健全な会社、探すほうが大変です。大体、失敗した仕事は責任のなすり合い、成功した仕事はオレがやったになる。映画製作はまさにその典型。オレががんばったから成功した、ですよ。反対に失敗作の場合は、監督がバカだったとか、脚本が酷かったなど、他人のせいにする。自分の黒歴史や失敗作はフィルモグラフィーから消す役者のようなものです。

――それはまさにあるある、ですね。

押井　もし評価が欲しかったり、現状を打破したいなら、自分がやりたいことが何で、そのために何をやればいいのかを認識してなきゃダメなんです。

そのいい例が『（機動警察）パトレイバー』シリーズの後藤隊長。人に恨まれるようなやり方は最低。たとえ騙しても、結果的に騙したことがチャラになるようにする。後藤がやっているのはそういうやり方。若い隊員をいいように動かして、自分の正義を実現しているんだけど、誰ひとりとして後悔はしていない。それはなぜかと言うと、結果を出すだけじゃなく大義名分があるから。実は選択肢を与えてないものの、与えているフリをするから。彼がなぜそんなことができるかと言えば、正しいことをやっているという自信があるからです。それで自分がどうなってもいいと思っている。それを正義と呼ぶ。わたしはそう思っている。

正義はリスクなしに実現できるはずがない。警察官の正義は上が決めてくれるけど、正義の味方の正義は自分で決めるしかない。だからリスクが伴うわけだけど、人に負い目もなければ引け目もない。誰も裏切らない。なぜなら、自分が正しいと思っているからですよ。自分が100パーセント。

――自分が正しいと思っているなら行動しろ、ですね。

押井　そうです。確信があるならやればいい。いろんなリスクが伴うけれど、**自分がいいと思ってやったことには、結果はどうあれ後悔はしない。**ちゃんと見ている人もいますから。自分の仕事ぶりを見ている人間は必ずいる。そこまで不信感を抱かなくていい。**ムチャクチャやれるのは弱者の特権です。**国際関係で言うと北朝鮮。核兵器を開発したからトランプが振り向いた。実際に保有しているのかはさておき、持っていると言い張った。中国もＩＣＢＭを持っていなかったら国際社会であの地位につけたと思う？　北朝鮮も同じ。この相談者も、どうにかしたかったら自分の核兵器を開発するんです。

――なるほど。自分なりの最終兵器を作ってみるんですね。

押井　あとは、なぜこんなヤツが上司なんだ！　と憤る前に、ソイツが上にいる理由を探ってみる。

そうすると、おのずと違う見方が浮かび上がってくる。

わたしが映画を作る場合も、このプロデューサーはどんな人間なのか？　会社名に惹かれて入社したのか？　あるいは本当に映画が好きで入社しプロデューサーになったのか？　それによってこっちの対応を変えている。彼が映画ファンならば、巻き込んで「一緒に作る」感じにすればいいし、サラリーマン的なら責任を取りたくないという部分を逆手に取ればいい。そういう人間は「映画が完成しない」というのを一番恐れるから、そこに付け込めばいいわけです。「もし、オレをクビにしたら、映画自体が消えちゃうけどいいの？」という状況を作る。「オレの名前、下ろすけどいい？」ってね。そうすると、大体のプロデューサーは、こっちの言うことを聞いてくれる。

――恨まれそうですけど(笑)。

押井　もちろん恨まれます。でも、会社員だから、どうせその部署には3年くらいしかいない。次にまた映画を撮るときは、ほかの人が担当になる。だから大丈夫なわけです。

――焼き畑農業方式だ(笑)。

押井　そうそう。自分の作りたいように作ったら、たとえ興行的に失敗しても、自分がやりたいことはやったという達成感は残る。それに、スタッフですよ。スタッフはそういう監督をちゃんと見ているから。会社員のプロデューサーの評価なんてもらってもしょうがない。重要なのはスタッフのほう。彼らはこれから作品を作る上でのマストな戦力ですから。

――押井さんも『天使のたまご』(85)でやりたいことをやって、痛い目に遭ってますよね？

押井　それは調子に乗りすぎただけだって。自分のやりたいことをやりすぎた(笑)。世の中を舐めていたところもあったと思う。だからしっぺ返しを受け、次の『パトレイバー1』(『機動警察パトレイバー the Movie』89)まで干されていた。『パトレイバー1』で娯楽映画を装うことを覚えたんです。実は『天使のたまご』も『パトレイバー1』も中身は同じ方舟の話なのに、一方はみんなが不幸になって、もう一方はみんなが幸福になった。わたしも映画監督として復帰できました。

——『天使のたまご』は良質なスパイスのような映画でしたが、スパイスだけじゃ料理は成り立ちませんからね。

押井　はい、要するに肉がなかった(笑)。まあ、それはさておき、ダメ上司に対抗するなら、自分も腹をくくれということです。

Q 批評する者の資格とは？

(ライター・50代・男性)

映画ライターをやっています。少し前、ネットの映画批評コーナーで、『レディ・プレイヤー1』

（18）をつまらないと書いたのですが、読者から『E．T．』（82）も観てないヤツに批評する資格なんてねえ！　と叩かれてしまいました。作品を批評する場合、その監督の作品すべてを観ていないと批評できないんでしょうか？　そんなことがあってから、いろいろと考えすぎて本音で原稿が書けなくなってきた自分がいます。押井さんは、自分の作品を全部観ていないヤツに作品を批評されるのは不愉快ですか？　ちなみに『E．T．』はお涙頂戴っぽいのであえて観てないだけです！

A 「映画の観方はいろいろある。自分流を貫けばいいんです」

押井　映画を批評するということには、さまざまな立場がある。何をテーマにして書くのか。監督についてなのか、あるいはその映画だけについてなのか。もし前者の場合は、可能な限りその監督の作品を観たほうがいい。書くことの幅も広がるし、判断の基準も増えるから。でも、1本の作品についてだけ書くのなら、監督がその前に何を作っていようが関係ない。従って、この人の場合、スピルバーグではなく『～プレイヤー1』についての評なのだから『E．T．』を観ている必要はない。

――こういうことはとても多いですよね。すぐに炎上したりする。私もそういうこと言われてますから(笑)。

押井 この手の難クセをつけたがる人間は了見が狭いんですよ。そういうヤツに限って、モノの見方がひと通りしかないと思い込んでいる。映画の観方がひと通りしかないなんてあるわけないじゃない。観る人間によって評価も感想も変わって当然です。観るほうの自由ですよ。

――むしろひと通りしかない映画のほうが問題だと思いますが。

押井 ひと通りしかない映画はクズに決まってます。いや、まだひと通りあるだけマシか(笑)。

ネットに書きたがる連中はほぼみんな似たようなもの。自分は映画のことを判っていると思い込んでいるだけで、実はまったく判っていない。ものすごく貧しい観方をしている。みんながいいと言うから自分もいいと思うようになり、それ以外の意見を言う者を「映画が判ってない」と言ってバカにして叩く。そうすれば自分が正しいことの証明になると思っているんですよ。

いろんなことを言えるのが映画のいいところ。映画自体はダメだったけど、あのオバさんだけはかっこよかったとか。麻紀さんなら「ネコがかわいかったから許すとか」。いつもそんなこと言ってるじゃない。

――はい、そうです。

押井 戦争映画なんて、その典型ですよ。映画そのものはダメだけど、あの兵器だけは必見とかさ。こんなふうに戦車を撮った映画はこれまでにないとか。そういうところを言葉にすればいいんです。それで立派な映画評になる。

――じゃあ押井さん、自分の作品を全部観てないヤツに作品を評価されるのは不愉快ではない？

押井　もちろんです。そもそも麻紀さんだって、わたしの書いた小説は1冊も読んでないよね？

――いや、でも、映画は観てますよ！

押井　これだけ長い間付き合っているのに、なぜわたしの本を読まないの？　普通、どんなこと書いてあるのか興味がわかない？

――いや、エッセイは読んでます。それに、こうやって押井さんと話す機会が多いので、押井守という人間に対する好奇心は満たされているわけですよ。おそらく、書かれている本よりも、本人のほうが面白いのではないかと……。

押井　そんなの読んでみなきゃ判らないじゃないの！　本人は面白くないのに、書いた本はめちゃくちゃ面白いという場合もあるし、その逆もある。わたしに言わせれば、宮さんは作った映画より本人のほうが何倍も面白い。

――宮崎さんの場合、本人より押井さんの目を通して見た宮崎さんのほうが面白いんじゃないかと思っていますけどね。

いや、悩みはそれではなく、評論の問題です。たとえば押井さんは、ほかの押井作品は1本も観てない人が、『イノセンス』（04）だけを観て、それについて語ることはどう思います？

押井　いいんじゃない。その映画についての評価なら問題ないですよ。でももし、わたしの映画を褒めるんだったら、世に言うわたしが量産したとされる、どうしようもない映画、安い実写映画を含めて全部褒めてみせろとは言いたい。要するに、褒めるためには理屈が必要になるから。押井守という監督を理解しないといけないからです。

――褒めるときだけですか？　ボロクソに言うときは？

押井　ボロクソならその1本だけしか観てなくていいんです。でも、わたしという監督を語りたいのなら、です。

――じゃあ『アサルトガールズ』（09）はダメだけど『パトレイバー2』（『機動警察パトレイバー2 the Movie』93）は傑作だとか言うのはどうなんです？

押井　それは押井守という監督を理解していない証拠。「あんた、そんなことも判らないで、わたしの映画を好きだと言ってるわけ？」ですよ。監督の立場で言わせてもらえばですが。

――うーん、判りません。

押井　わたしは、ただの1本も無駄な映画は作っていない。というか、そういう自覚はない。それぞれがテーマを持っていて、それぞれ試みも異なるわけだから、違う映画になるのは当たり前。にもかかわらずファンの多くは、基本的に全部が『攻殻』（『GHOST IN THE SHELL／攻殻機動隊』95）や『パトレイバー2』であってほしいわけですよ。「税金だと思って、お布施だと思って今回も買うけどさ」なんて言われて、みんな、わたしが食えなくなったらもう新作にお目にかかれないからというので買ってくれている。それはもちろんありがたいですけどね。

――押井さんは、いつも『パトレイバー』のような映画を作ろうとしているわけじゃないですよね？

押井　そうです。100人中100人を喜ばせたいから作る映画もあれば、確信犯的に100人中5人に楽しんでもらえばいい映画を作る場合もある。（ジェームズ・）キャメロンはいつも95パーセントの人を満足させるような映画を作ろうとしていると言っていたけど、わたしはそんなつもりはない。製作費だってかけたほうが偉いとか傑作になるわけじゃない。50万円で作った映画でも傑作は傑作ですから。つまり、みなさんがダメという判断を下した作品にも押井守らしさはちゃんとある。だってわたしが作っているんですから。そういうのを見つけ出して褒めるべきだと思うんですよ。

――あ、判りました。『28 1／2妄想の巨人』（10）を観たときそう思いました。短い作品なのに、無駄なシーンが多くって押井さんらしいって(笑)。

押井　そう、そういうことです。

こういう評論に関する問題は、映画よりもゲーム界隈でよく起きる。ゲームにはクソゲーと神ゲーしかない。それしかないの。この前初めて「優ゲー」という言葉を見たけど、一般的じゃない。評価がそのふたつしかないもんだから、神ゲーのレベルは下がりまくり。神ゲーと呼べるものは10年に1本あればいい。映画と一緒です。『ブレードランナー』（82）が毎年あったらおかしいということです。

逆に言うとクソゲーは、それこそ山のようにある。何をもってクソゲーと言っているのか、その基準も人それぞれ。そもそもゲームにすらなってないというレベルから、気持ちは判らんでもないけどというレベル、さらには何を考えてこれを作ったのか理解できないというのもある。クソゲーにもいろんなレベルがあるにもかかわらず、ひとまとめに「クソゲー」。一方、少しいいじゃんとなると、すぐに「神ゲー」ですよ。

——でも、クソゲーという表現、かわいい響きもありますよね。

押井　クソゲーは愛称のようなもので、みんなクソゲーを愛してますから。「どうしようもないクズだけど」という感じかな。

アニメにもそういうところがある。「アニメの95パーセントはクズ」。宮さんが言うまでもなく、これは当たり前です。「あーあ、また同じことやっちゃってるよ」とか「全然成長してないじゃん」とか言ってしまうけど、そこにまったく愛情がないかというと、そんなことはない。嫌いなのかと聞かれれば「いや、そういうわけでは」となる。どこか愛情があるんです。

宮さんが成り立っているのも、95パーセントのクズがあるから。世の中に傑作しかなかったら、どんなジャンルも成立しません。映画もゲームも、アニメも小説も、95パーセントのクズがあってジャンルとして成り立っている。人間だって同じです。5パーセントの優秀者がいるのは、95パーセントの凡人とクズのおかげ。**5パーセントのすばらしいものを、95パーセントのクズが支えていることを忘れちゃいけないんです。**

——クズの意義は大きいですね。

押井　ときにすばらしい人と出会って感動したり、いい話を聞いて涙したりするのは、「たまに」そんなことがあるからですよ。会う人会う人が善人ですばらしかったら感動しませんから。だいたい、そういう世界が面白いはずがない。映画だって、クズ映画を愛しちゃう場合って多いじゃない？　それがなくなったら悲しいですよ。

――B級ホラーがなくなったら悲しいです。

押井　あと、よく聞くのが「これは個人的な意見だけど」ということわり。こういう文言を入れている人が多いみたいだけど、それって結局、叩かれたくないからでしょ？

――そのひと言を入れると叩かれないんですか？

押井　叩かれない。「違う意見も当然あるのは判っていて、自分のこの意見を主張するつもりはありません」と言ってることになっている。

――TVのコマーシャルの画面の隅っこに「個人の意見です」とか「個人の感想です」とよく書かれていますが、それと同じですね。

押井　「免責事項」と言うんです。ネットに自分の意見をアップする段階で、みんなやっている。責任を追及されたくないからです。「自分はこう思っているけど、ほかの人が違う意見でもまったく問題はない。それはそれで正しいです」ってね。なぜ最初からそういう対応をするのかと言えば、決め付けられるのがイヤだから。みんな、決め付けられるのを一番イヤがっている。だから反対に、決め付ける人間は評判が悪くなる。

――でも、この相談者の場合、彼を叩いたほうは「ダメだろ」と決め付けてますよ。

押井　**自分が決め付けられるのは大嫌いなくせに、他人を決め付けるのは平気なんですよ。**いや、平気どころか大好きですから。そういう人間は、批評や批判とはどんなことなのか、まったく判ってない。自覚症状ゼロの、その手の輩がどんどん増え続けている。

――ネットのせいでしょうか。ネットでは匿名で、誰でもどんな意見を言えるから、全員が評論家になっちゃった。

押井　もちろん、それもある。でも、最大の問題は学校教育。ハンパな学校教育をしたことに責任がある。

――ゆとり教育ですか？

押井　わたしは、まったく評価してませんから。

――最近はかけっこにも順番をつけない学校があると聞いて驚きました。私が高校のころは、試験でも結果を貼り出していたから。

押井　かつてはそうだった。でも、いまは「みんなで楽しくかけっこしよう」です。昔は作文でも、「たいへんよくできました」や「がんばりましょう」などのスタンプをおしてくれていたじゃない？　いまはそれもないと思うよ。成績表も5段階だったけど、もちろん違う。もっと曖昧になっている。

――調べてみると、たとえば国語の評価だと「文字を丁寧に書く」というような項目があって、

「よくできる」「できる」「がんばろう」という欄がある。先生が該当する欄に丸を入れるみたいですね。

押井　そんなの本当に曖昧だよ。子どものころはそんな教育をしていながら、大学入試とか入社試験、さらには入社したあとも厳しい競争が待っている。**学校は「ゆとり」なのに、社会は以前と変わらず「シビア」**。そりゃあみんな、仰天しますよ。競争の原理を、世の中に出て初めて知るなんてありえない。だから大人たちは「ゆとりは使えねえ」という判断を下してしまう。

昔の子どもたちは、小さいころからずっと競争の原理に晒されて生きてきた。お勉強でトップのヤツがいて、スポーツでトップのヤツもいたんです。教室では落ちこぼれだけど、グラウンドに出るとヒーロー。それぞれ得意分野があったからこそ面白かった。人間はそんなものなんだということを、幼いころから知ることができたんです。ところがいまは「そんなことありません。みんな平等です」ときれいごとを並べている。歪みが生じるのは当然です。

――そうですね。雇うほうもゆとり世代には気を遣っているみたいですからね。

押井　ゲームでも、なかなかクリアできない場合は、特殊なアイテムを買って対応することができる。MOD（modificationの略）と言って、無限に撃てるライフルとか、クリア条件が一気に下がったりする。ヘタな子は、お金を投資してクリアするわけだけど、そうなると何でも金で解決できると考えるようになってしまう。一方、そんなアイテムも使わず一生懸命やって来た人間は、そういうのは公平じゃないと文句を言い始める。ゲームのネットはそういう書き込みでいっぱいだから。

――ゲームは素人なのでよく判りませんが、長く遊べるほうが楽しいんじゃないですか？　すぐにクリアしても面白くないと思うんですが。

押井　そうそう。努力してクリアする、時間をかけるからこそ楽しい。でも、ゆとり教育を受けていると、平等じゃないと怒るわけ。それはもうドグマです。ゲームの楽しみ方もいろいろあるということが判らない。ひとりひとりの価値観というのも理解できない。だから、違う人を叩くようになる。

わたしはゲームをやるとき、ストーリー通りにやったことなんて一度もない。どうやって自分流を見つけるかというところから始める。それが一番楽しい。自分の世界を作る楽しさですよ。そうすれば、ひとつのゲームを2、3年は楽しめるから。

映画も同じです。誰かにここがすばらしいと言われて観るのは最低な楽しみ方。ミステリ小説のラストを知って読み始めるようなもの。だから、この相談者には、自分流を貫けと言っておきます。

Q 俺の成果を横取りするな！

（会社員・30代・男性）

僕がメインで担当したプロジェクトが成功し、いろんな方に褒めてもらえる機会がありました。ただ僕の直属の上司が、まるで自分の手柄のようにふるまうんです。隣に僕がいるのに、いけしゃあしゃあと「いやあ、どうもありがとうございます」とか言っていて、恥ずかしくないのかしら……と思ってしまいます。そういう感覚って一体なんなんでしょう?

A 「その上司は、自分から進んでバカを晒しているだけ。見ている人はちゃんと見ているから、いまは放っておけばいい」

押井　成功したときは自分のおかげ、失敗したときは他人のせい。結果から自己評価を考えるという習慣がある限り、これはもう人間の性ですよ。戦争も映画でも同じです。勝った戦争はオレの手柄、負けた戦争はアイツの責任。映画がヒットすれば、オレ大変だったんだよだし、失敗すると監督がバカだったから。概ね監督はそんなこと言わないけれど、スタッフは言いたがる。

――こういう話はゴマンとありますよね。実は、そういう人のほうが上に立つ場合が多かったりして。

押井　問題は、それを恥ずかしいと思うかどうかなんだよ。自慢話って本来、聞いてられないものじゃない？　それを平気でやれちゃうとなると、その人にはデリカシーがまったくないということになる。人間として結構問題があるわけです。

そういう人にどう対処するか？　簡単です。「放っておけばいい」。この手の上司に関しては、相談者だけじゃなく、周囲の人みんなが気が付いているはず。必ず見ている人はいる。ちゃんと見ている人は、その人がどこでどうがんばったか判っている。相談者がどんな仕事をしているのか判らないけど、少なくともいまの仕事のオーソリティで、周囲もそういう人ばかりなんじゃない？　だったら当然、その仕事がどうだったか、見る目があるということですよ。

——そうですね。次の仕事のときに、そういうことが判るんじゃないですか？　上司の化けの皮がはがれる。

押井　そうです。次のプロジェクトが立ち上がったとき、そんな上司と誰が組むの？　普通なら誰も組みたがらない。調査したら一発で判りますから。わたしだって映画を作るとき「あのアニメーターどう？」とか「あの役者は？」とか聞きまくる。彼らのマネージャーや事務所の人間にじゃないよ。一緒に仕事をしたことがある人間に聞くんです。

——そうすればリアルな声が返ってきますよね。

押井　それも複数に聞く。そうじゃないと好き嫌いがある。仕事だとリアルな声が返って来るのは、それぞれに利害があるから。ふさわしい人間じゃないと仕事に支障があるからです。

監督について聞きたい場合は、音響に聞くのが一番かもしれない。わたしは音の設計ができない監督は、仕事の半分をやっていないと考えている。現場のミキサーは、監督が何を考えているか、手に取るように判りますよ。なかには何のビジョンもなくお任せという監督だっているようだけど、それはダメです。スタッフにバカにされる。自分の頭のなかに音響のイメージがあって、それをちゃんとスタッフに伝えられるかが問われるんです。

わたしは『ロード・オブ・ザ・リング／王の帰還』（03）でオスカーを獲ったイギリス人のミキサーに（監督の）ピーター・ジャクソンのことを聞いたら「あいつはクズだ」って言っていた。

――ちょっと待ってください。それは聞き捨てならない言葉ですよ。

押井　その人が仕事をしている間、うしろでずっと大イビキをかいて寝ていて、邪魔でしょうがなかったって。

――疲れていたからですよ、私はニュージーランドで『〜リング』の取材をしましたが、そのときＰＪ（ピーター・ジャクソン）は、夜は23時くらいまで、朝は6時から現場にいましたからね。いつ寝てるんだろう、すごいなーと思ったんです。だから、そのときは疲れてただけですって！

押井　まあ、監督としては判る。わたしも何度も眠りかけたことがあるから。でもさ、イビキをかいちゃったら一気に信頼を失ってしまうんだよ。そのときの音響は死に物狂いで、全神経を研ぎ澄まして仕事をしているんだから、その側で監督が高いびきでは、確かに「ふざけんな」になってしまう。おそらくジャクソンは、ダビングスタジオで仮眠を取りたかったんだろうけど、それならちゃんと帰って寝たほうがいい。あんたがいなくても、優秀なスタッフがいい仕事をしてくれるんだから。

——押井さんはよく、音響の重要性について語っていますよね。

押井 だから、映画の半分は音響なんですよ！　麻紀さんの大好きな『プライベート・ライアン』(98)の音響、すばらしかったでしょ？

——すごかった。音で戦場を作っていた感じでしたね。

押井 その音響担当のスタッフに聞いたことがあるけど、やりたいことを全部やって、本当に楽しかったと言っていた。おそらくスピルバーグもやりたいことを全部やっているよ。戦車を機関銃でガンガン撃ちまくるシーンがあるけど、あれは本当に装甲板を撃ちまくって録った音。それにいろんな要素を加えて作っている。

わたしも『イノセンス』のときにはいろんなことをやった。バセットの爪の音もちゃんと音響のアーティストが作ってくれた。生音だけじゃだめですからね。『スカイクロラ』(『スカイ・クロラ The Sky Crawlers』08)のときのポルシェの音も、同じポルシェを探し、そのエンジンルームに4、5本のマイクを仕掛けて走らせ、その音を使ったんです。そうやって音響は果てしなくこだわることができる。だからこそ、音響設計が必要になる。ミキサーは、この監督が最優先にしていることを知りたいんです。にもかかわらず「任せる」とか、あいまいな返答だったらもうダメ。その時点で監督は、音響さんにクビにされてますから。

つまり、人の評価に晒されている人間は、弱みを見せちゃいけないということですよ。

――うーん、監督は息が抜けないですね。

押井 そう、本当に大変です。わたしも何度も、この手のことは言われてる。「あんたばっかり褒められて、実際に苦労して死ぬ思いをして描いたのはオレじゃないの？　監督っていいよなー」とかね。そのときは「判った。じゃあ、あんたが監督やってみれば？」と言う。監督がいかに理不尽な立場に立たされているか、いかに雑用の塊で、いかにケンカの尻拭いをして回り、どんだけ痛い目に遭っているのか、一度監督してみれば？　文句言うならそのあと聞くからってね。その代償として映画の顔になっている。ちゃんと責任を取っているんです。叩かれるときは、オレが百叩きされるんだからってことです。

でも、スタッフはそういうものだから、わたしはいちいち頭にきたり落ち込んだりはしない。現場の人間は誰でも、アンタの言うあのシーンは、アンタだからできたことは知っていますから。ただとりあえず、その作品を褒めるときは、映画の顔になっている監督を褒めているだけです。

これまで随分、恩恵にあずかっていい思いもさせてもらったけど、その反面、倍くらい酷い目にも遭っていますから。

――倍ですか！

押井 ……あ、倍は大袈裟かな。半分くらい(笑)。

――押井さんはインタビューのとき、「あのシーンがすごかった」と言うと、「ああ、あれはアイツがやったんだよ」っておっしゃってますよね。

押井　そうです。「あれはスタッフが好きにやったんです」とよく言ってます。わたしは**「好きにやれば」と言えるかどうかが、監督の器だと思ってます。**

——信頼できるスタッフがいれば、それが言えるわけですよね。そういう人間を集めるためには、やはりリサーチがマストになる。

押井　そうです。真実を探る必要がある。

そもそも、将軍の回想録とか、政治家の回想録とか、山ほど出ているけど、そういうバイアスが掛かってないものはないからね。その手の本を読むときは、相当に慎重に読まないといけない。鵜呑みにするのは危険です。わたしはその手の本が好きで結構読む。マンシュタインの回想録（『失われた勝利—マンシュタイン回想録』）とかね。ドイツ軍の偉い将軍で、軍事的天才と言われていた。そういう人間であっても、回想録を書くと「本当かよこれ？　随分後付けしてないか？」という部分が出てくる。それに、自分に都合の悪いことは絶対に書かないから、注意して読まなきゃいけない。まともに全部信じちゃって、マンシュタインの崇拝者になると大変なことになる。

——でも、この相談者は、そういう上司の言葉を周囲が鵜呑みにしそうだからイヤがっているんですよ。現場をよく知らない上層部の人たちですよね、きっと。

押井　いや、その程度のことは信じていい。たとえ時間がかかっても、必ずばれてしまうことだから。なぜなら、この上司、自分から進んでバカを晒しているんですよ。それで判らないはずはない。

注：『プライベート・ライアン』：Dデイをリアルに再現した傑作戦争映画。スピルバーグがアカデミー監督賞を受賞した。

Q 憎くて憎くて仕方がないヤツがいる

（会社員・30代・男性）

私は、数年前に上司のパワハラにあっていました。人前で大きな声でなじられ、不当に評価を低くされ、肩を押すなどの軽い暴力も振るわれ、精神的にも病みました。私はこの事実を人事部に話し、上司は地方へと左遷されました。すべて終わった……このことは忘れようと思っていたのですが、左遷から2年。その上司が会社の役員へと出世したのです。この人事で、私の怒りは再燃しています。彼の怒鳴り声を録音していたので、これを証拠に法的措置も考えているほどです。この怒り、恨みをどうやって晴らしたらいいでしょうか。

A 「恨みや憎しみは、何をやっても晴らすことはできません。そのイヤな現実とは違う、自分だけの虚構の世界を作ってみる。一番いいのはオープンワールドのゲーム。自分自身を客観的に見ることができるはずです」

押井　恨みというのは本来、個人が特定されるとどんどんドツボにはまってしまう。悪いスパイラルに入っちゃうんです。

とりあえずサンドバッグにソイツの写真を貼って殴りまくるというようなことから始めてみて、それで解消しなかったら、もう一度考えてみる。あるいは、ゲームでラスボスをソイツに見立て、卑劣なワザを駆使して八つ裂きにするという手もある。それで解消すれば何も問題はない。まずは代替行為を考えてみましょう。

――何ですかそれ。それでいいんですか!?

押井　もともと**人を恨むという感情に出口はない**んです。

仮にソイツを刺し殺したところで状況は悪化するだけ。そんなこと誰でも判っているのに、なぜか人は恨みで相手を殺したりする。その理由は、恨みというのは出口のない感情だから。その感情に翻弄されてしまうんです。でもわたしは、人間はもっと複雑な生き物だから、その行いを違う行為に転嫁できる能力をもっていると思っている。

——そうなんですか？

押井　でなかったら、世の中の息子の半分は親父を殺してますから(笑)。この相談者がどんな人で、どんな性格かは判らないけど、それがきっかけでゲームにはまっちゃったら最高じゃないですか？　何度も言っているけど、現実だけに生きようとするから、出口のない迷路にはまってしまう。こういう問題を抱える人の多くは、そういう人ですよ、おそらく。現実以外に自分の居場所を求めればいい。いわゆる虚構の世界です。

——映画を観たり、小説やマンガを読んだり、ゲームをやったりですね。

押井　そのなかでも、この相談者にオススメしたいのはゲームです。映画は観るだけで、そこから先に繋がらないじゃない？　でもゲームは、その世界に深く関与できる。

——どんなゲームがオススメですか？

押井　『Ｆａｌｌｏｕｔ ４』でもやればいいんじゃない？　ゲーム初心者でもヘタクソでも遊べるから。コツコツやれば勝利も夢じゃない！

——過激な内容なんですか？

押井　かなり。暴力やり放題。頭は吹っ飛ぶし、身体はバラバラ。バットで殴ったり、機関銃で撃ちまくったり、何をやってもいい。殺しちゃいけない人間はいません。自分が悪党になるという選択肢もある。ただ悪党キャラを選ぶと、商人が武器を売ってくれないとか、行動に制限が出てくるけどね。そういうときはどうすればいいかというと、略奪すればいいんです。

――無法地帯じゃないですか！

押井　オープンワールドのゲームはそういうものなんです。自分でドラマを作る。主人公の設定や人生も自分でカスタマイズする。悪人になるという選択をしたら、極悪人になるべきです。ただし、やってみると悪に徹することができない。ついつい善人の部分が出てきてしまうのも面白い。

――自分の知らなかった自分に出会えそうですね。意外と効果的かも。

押井　ゲームでもやればというと、無責任に聞こえるかもしれないけど、根本的なことを言っているんです。先ほども言いましたが、恨みや憎しみには出口がないから。ゲームという代替物で満たすというより、ゲームに興じているときに自分が抱いた感情を、客観的に知ることが重要です。

この人の「殺したいほど憎い上司が、出世して返り咲いた」というのは現実の世界。それとは違う、自分だけの世界をもってみたらと言っているんです。

たとえば恋愛でも、大好きな彼女に振られたことは取り返しのつかないこと。それから違う女性と出会い、恋愛して結婚しても、大好きだった彼女に対する感情はなくならない。くすぶり続ける。相談者の上司が非業の死を遂げたとしても、彼の感情は宙に浮いたまま。決して消えないんです。

――でも押井さん、こういう強い感情を抱いている人の多くは、その憎しみが自分の世界を侵食しちゃって、ほかの世界を作るなんて余裕がないんじゃないですか？

押井　だからこそ、違う世界を作る必要があるんです。負の感情で満たされた世界だけで生きるなんてイヤでしょ？　イヤだからこうやって相談している。イヤだったら、違う世界を作ってみなきゃ。そうすることで、自分のその負の感情に流されず、距離感を保てて、自分を客観的に見つめることができる。これが一番重要なこと。難しそうかもしれないけれど、ノーマルな人間だったらちゃんとできるようになっている。

なぜ宗教や芸術、文学があるかといえば、人間は現実の世界だけでは成立しないから。幻想の世界は、生きて行く上では必須です。人間を人間たらしめている能力のひとつが「個人で別の世界を生きること」。でないと、人間は感情に押し潰されて死んでしまうような生き物なんです。

この相談者のような悩みをもっている人は概ね、自分の感情に押し潰されそうになって、アップアップしているわけでしょ? 趣味でも見つければとは言うものの、それができにくい人だからこそ、こういうふうに溜め込んでしまう。いじめに遭うのも、対人関係がヘタだからという場合もあるからね。

——なるほどねー。

押井 これは相談者だけじゃなく、最近の若者や引きこもりやいじめにも通じること。家庭と学校しか居場所がないのが問題なんです。自分で選択肢をどんどん狭くして、結局は悲劇を招いてしまう。自分で自分を生きやすくするなら、選択肢を拡げるべきです。

——この男性の欲しい答えは「この恨み、どうしたら晴らせるでしょうか?」ですが。

押井 だから、「晴らせません」というのがわたしの答えです。晴らしているのは小説や映画、マンガの世界だけ。それこそ『必殺仕置人』とか『魔太郎がくる!!』。スティーブン・セガールの映画なんてほぼそうじゃない？　復讐系の映画にはカタルシスがつきものだから量産されるけど、もっとリアルに振れた映画になると、復讐という目的を達しても虚しさが残っている。それが現実です。

そういう負の感情は、結局何も生まないから負の感情なんです。恨んでいる本人ではなく、その妻や子どもを痛めつけるという、よく判らない発想が生まれるのは、当人にもその感情が行き場のないものだと無意識に判っているから。相手を殺しても、憎しみの感情が宙に浮いちゃうだけって判っているので、そういうヘンなことをしてしまう。

——じゃあ、アドバイスは「ゲームをしよう！」ですね。

押井　一応、言っておくとオンラインゲームはオススメしません。顔の見えない誰かとパーティとか組んでやるんだけど、わたしは一度やって懲りました。相手の顔が見えないもんだから、面と向かってなら、そんなこと普通は言わないだろうというような酷いことを平気で書いてきますからね。礼儀も常識もない。やっとひとりの世界を手に入れたんだから、誰かと組むことはないと言っておきたい。

——そういう人って、そのゲームの世界だけで他者と繋がっているんじゃないですか？　現実の世界では孤立してたりして。

押井　かつては自分ひとりで成立する世界はあった。映画とか小説とか、その世界にはひとりで行くものだったんですよ。わたしは中学のときＳＦに目覚めて、初めてひとりの世界を獲得した。Ｓ

Fを読んでいる限り、時が経つのを忘れたから。ひとりになりたいからこそ、その世界に行っていたわけなんだけど、いまは違ってきているんだよね。

ビル・ゲイツはいまでも空港でハンバーガーを食べているというじゃない？　金持ちになっても、そういう世界を手放したくない。成功した人間ほど、かつての自分の世界を失っている場合が多いからね。そうやって貧乏の贅沢をしたいんです。でもそれも、おそらくゲイツは、自分が作った貧乏な世界から、リッチになった自分を見ているんですよ。

——不思議なもので、若いころって、お金がないとか仕事がないとか、深刻に受け止めてなかったですよね。そういうのが苦にならなかった。

押井　何を食べても美味いしね。それは先が見えてないよさですよ。年を取ってしまうと、後先が見えてくるからそうはいかない。選択肢もあるようには見えない。見えている景色は同じでも、若いころと同じようには感じ取れない。それが年を取ったということです。

Q パワハラ、セクハラの線引きは……

（会社員・50代・男性）

パワハラ、セクハラはダメですよね。もちろん私も肝に銘じています。ただ、どこからがそれにあたるのか、明確ではない分難しい……。書類の不備があった部下を注意すればパワハラ？　長い髪の女性が、ショートカットにしてきたときに「髪切ったね」と言えばセクハラ？　考えるだけでストレスなので、もう一言も話さないほうがいいのでは……と思うようになってきました。

A「まずは人間関係を築くことから始めよう。それが面倒くさければ、仕事以外の会話はしないほうが無難です」

押井　パワハラって、ウチらの業界で言えば怒鳴りつけたり、ケリを入れたりのこと？　昔はよくある話だった。某有名監督なんてパワハラ&セクハラのふたつを網羅してましたよ(笑)。

そういうのって煎じ詰めれば人間関係のことですからね。人間関係がうまくいってないから、そういうことが問題になる。お互いの間にちゃんとした信頼関係が築かれていれば、ケリを入れられようが問題にはならない。

怒るためのエネルギーってハンパないんですよ。その相手にそれだけのエネルギーを費やしているんだから、むしろ申し訳ないくらいに思ってもいい。ヒマでもないその人間が貴重な時間を使って怒っているんですから。

——この時代に、「上司は、ぼくのためを考えて怒っているんだ」、なんて思う若者はいません。

押井 うちの師匠（鳥海永行）なんて、怒り始めたら2時間は止まらなかったんだけど。

——いまそれをやったら完全にアウトじゃないですか？　そもそも鳥海さんは押井さんの〝師匠〟なんだから、怒られても「ぼくのために」と思えるだろうけど、普通はそうはいかない。怒るほうも、見込みのある部下を鍛えているというより、もっと邪《よこしま》な気持ちかもしれないじゃないですか。

押井 だから、そういうのをまとめて「人間関係が成立してない」と言うんです。人間関係を築くことすらしてないところで何かやればパワハラになりセクハラになる。行為は同じにもかかわらず。

——信頼関係があれば「愛のムチ」になり、なければ「いじめのムチ」に感じてしまうわけですね。

押井 そうです。すべては人間関係、信頼関係が決めるんです。

——でも、ふたりの見解が違っている場合もありそうじゃないですか？　上司は部下を見込んで愛のムチをくれてやっていたつもりだったのに、その部下はまったくそんなこと思ってもいなかった。

押井 ちゃんと信頼関係を築いていたら、その違いは判る。その場合は、そもそも信頼関係が築かれてなかっただけです。

上司というのは二種類しかない。自分の師や先達として接するに値する人間か、時間と空間をともにするのに値しない人間か、ふたつにひとつですよ。もしその上司が師と仰げないヤツだったら、それなりに付き合えばいい。その上でセクハラ、パワハラという話になったなら、辞めるなり、告発するなりすればいい。

パワハラやセクハラというのは、概念があるだけであって、具体的な基準があるわけじゃない。
だから、この人から罵倒されても許すけど、コイツだったら許さないということになる。

――そうですね。女性の場合も「髪を切ったんだ」と言った相手が好きな上司なら「嬉しい」になりそうだけど、ヤなヤツなら「気持ち悪い」でしょうからね。

押井　そういうもの。パワハラだのセクハラだの線引きは最初からないんです。もし線を引きたいのなら、自分が築いてきた信頼関係にそって判断するしかない。

――学校でも同じですよね。先生が生徒に対して、どう怒ればいいか判らないという話をよく聞きます。私の中高時代は、先生から罵倒されたり、ビンタ張られるのはありがちでしたけどね。

押井　わたしも小学生のころは教師に散々殴られた。ビンタだったらまだマシ、グーは当たり前、わたしの場合はストーブの薪ですからね。さすがにクラッときたけど、それでもその先生は大好きだった。わたしにも、殴られる理由があったから。

――それをいま、やっていたらニュースになりますよ。

押井　セクハラやパワハラは、アメリカから始まったことなんだということを、まず考えたほうがいい。アメリカは個人の権利と義務の上に成立している契約社会です。一方、日本の場合はその部分がグズグズ。にもかかわらず、パワハラ&セクハラの概念だけが輸入されてしまった。ギクシャクする理由はそこにある。日本は個人の意識をとやかく言う前に、どうやってみんなと仲良くするかのほうが重要だった。「根回し」なんてそのいい例です。そういう社会にパワハラとセクハラが輸入されてしまったから、みんな対処しきれてない。

国会でもパワハラやセクハラが問題になっていたし、#ＭｅＴｏｏと書かれた紙を持って国会に出て来た女性議員もいる。でも、それってすべてアメリカの価値観。アメリカの流行に乗っかっているだけですよ。本気でやるのなら、自分で標語を作りなさいと言いたい。わたしから見ると、単にアメリカの尻馬に乗っているだけにしか見えない。

――確かに、流行という感覚はありますね。

押井 本気で考えるのなら、そういうことよりも、職場や学校の人間関係が危うくなっていることに目を向けないといけないんです。そこに立ち返って、初めてパワハラやセクハラの線引きができるかもしれないいんだから！

――でも、そうやって膿を出していたら、どんどん負のスパイラルに陥りそうですね。

押井 悪化するんじゃない？　だからわたしは、その手の話には介入したくない。わたしの現場では「セクハラは許しません」と常々言っているけど、パワハラに関しては言ったことがない。

ちなみに宮さんはパワハラ大王ですから。〝マン・オブ・パワハラ〟（笑）。あんなに酷い人はいませんから。みんなの前で吊るし上げるんだけれど、じゃあその人が辞めるのかと言えば、まずそれはない。

――信頼関係があるの？

押井　宮崎駿を尊敬しているからですよ。佳境になると帰宅するのも許してくれないけど、自分も帰らずやっていますからね。

——でもそれは、家よりスタジオのほうが……。

押井　そうです。自分は家に帰りたくないからです(笑)。それに、えこひいきの塊。

上に立つ者は平等に接すべきとはよく言われるけど、そんなことありえませんから。一緒に何かをする場合、肌が合わないとか、虫が好かないとかあるのは当たり前。人間だからしょうがないんです。うちの師匠なんて「監督なんて、えこひいきの塊だよ、押井くん」ってよく言ってましたから。

——当然、押井さんはえこひいきされたほうですよね。

押井　ものすごく気に入られた。優秀な弟子だったから。あとは気配りができた。わたし、上のおっさんと付き合うの上手いんですよ。

——おやじたらしですね。

押井　だから女たらしにはなれなかった(笑)。鈴木敏夫のような人間たらしというのもいますけどね。人間たらしの天才。

——では、この相談者に対する答えは?

押井　「人間関係を築こう」。だけど、それがおっくうなら、仕事以外の話はしない。でももし、この人が仕事の上でやりたいことがあるのなら、部下との信頼関係を築くことを大切にしたほうがいい。そうすれば、セクハラやパワハラとは騒がれない。それでも相手が騒ぐなら、そんなバカは放っておけばいいんです。

注：鳥海永行（とりうみ・ひさゆき）：1941年生まれ。演出の代表作に『科学忍者隊ガッチャマン』（72〜74）、『ニルスのふしぎな旅』（80〜81）。2009年没。

Q すぐに仕事を減らしてもらう同僚にもやもや

（会社員・40代・女性）

同じ部署の同僚のことです。彼女は、自分のキャパ以上の仕事が回って来ると上司に「こんなにできません」と言って仕事を減らしてもらっています。残業をするつもりはまるでないようです。当然、そのしわ寄せは私のところに来ます。私は土日を削ってもやってしまうので、それが繰り返されてしまう。キャパは人それぞれだと判っているし、自分が彼女のように「できません」と言える性格でもないことも知っています。でも、不公平じゃないのと、暴れたくなる夜もあります。押井さん、私はどうやってこの気持ちと折り合いをつければいいのでしょうか？

A 「やっちゃうあんたが悪いけど、世の中はそういうふうにできているから、仕方ありません」

押井　「暴れたくなる夜もあります」ってことは、実際は暴れてないんだよね。だったら一度、暴れてみればいいんじゃないのと思うけど、そういうことができない人だから、こうやって「相談」になる。

だから、そういう人は暴れられないの。そして、人の仕事を背負ってしまうタイプの人間なんですよ。どの職場にもいると思うよ、このタイプ。でも、こういう人がいるから集団も会社も職場も成立している。仕事を終わらせるために、言われもしないのにやっちゃう人。「わたしはこんなにがんばってるのに、なぜアイツはやらないわけ？」って文句が溜まっていく。それはわたしに言わせれば「あんたが悪い」です。

——ということは、やっちゃうのがダメだってことですか？

押井　そうです。だから「あんたが悪い」。でも、世の中はそういうふうにできているから、これはもう仕方がない。

——ということは、「あんたが悪いけど、仕方ない」……。

押井　世の中は、3割の人間ががんばって成立している。あとの4割は仕事をしない。残りの3割は邪魔しかしない。これを「3：4：3の原則」と呼びます。

——初めて聞きました。誰が考えた原則ですか？

押井　わたしです。

——押井さん、まるで昔からあるような原則ですよ！

押井　わたしはずっと昔から、この原則を唱えて来た。軍隊だろうが職場だろうが、人間の集団は全部、この原則で回っている。「3」が黙っていてもやる優秀な人材。「4」は何もしない。そして「3」は足をひっぱるだけ。じゃあ、邪魔する「3」を切ればいいと思うでしょ？　切ると今度は残った人間の間でまた「3：4：3」に分かれる。使える3人だけを残しても、その3人が3つに分かれるだけ。どうあがいても一緒。だから「原則」なんです！

——押井さんが独自に編み出した原則とはいえ、めちゃくちゃ説得力ありますね。

押井　よくできた理屈なんです。長年にわたって観察してきた結果を自分なりにまとめて生まれた原則。ベースになっているのは軍隊ですよ。軍隊には3種類の兵隊しかいないと言われているんだけど、知ってた？

——もちろん、知りません。

押井　一番いいのは、言うまでもなく有能な兵士。何もしないヤツより最悪なのは、無能にもかかわらず何かやりたがるヤツ。こういうヤツがいると味方全員を殺すことになってしまう。自滅あるのみになっちゃう。それは社会でもある程度言えることで、仕事をやりたがるんだけど使えないというのが一番困る。

——足手まといなヤツ、ですね。

押井　使えない原画マンの画を作監が一生懸命手直しするんですよ。

それに、これは個人の問題ではなく集団の心理。改善しようとひとりでがんばっても無駄なんです。

——ということは、この相談者は仕事のできる3割。彼女が常々アタマに来ている同僚は何もしない4割の人間ということですね。

押井　そうです。だからもし、4割の人間を切っても結局は同じ割合になり、もしかしたら相談者自身が4割に転落する可能性も出てくる。

集団というのは周りを見て動いている。みんな周りを見て仕事をこなしているんです。同僚の人はきっと「彼女がやってくれる」と思っているので、上司に「できない」と言えているんじゃないの？

——かもしれないですね。上司が彼女の要望を受け入れるのも、相談者に回せばいいと考えている可能性も高い。

押井　そうです。上司というのは、本当にヤバい状況に陥らない限り大きな決断は下さないもんなんです。できる上司なら、下だけを切っても無駄、上だけで集団を作るというのは不可能ということに気づいている。

——ということは、この相談の答えは、やっぱり「仕方ない」ですか？

押井　そうです。それに彼女は、そういう「3割」に入っている自分を嫌いじゃないと思うよ。「私はあの甘えた同僚とは違う」わけだからプライドも満たされている。それが彼女を残業させている原動力ですよ。もちろん、残業は面倒くさいかもしれないけど、自分の立ち位置、「3割」の人間だという確認になるからいいじゃないの。

——そう言われればそうですね。でも、上司が「いつもありがとう」とか「今度、ランチをご馳走しよう」とか「頼りにしてる」とか言ってくれると、もっと確認できてよくないですか？　モチベーションもあがりますよ。

押井　そうだけど、そういうことは書いてないから、そこに不満はない。不満の対象は仕事をしない同僚だけ。それに相談者はこの上司と一緒にメシなんて絶対イヤなのかもしれないじゃない。叙々苑の焼肉だって、イヤな上司とは死んでも行きたくないのが最近の若者たちだと聞いたよ。

——あ、私もそれ、聞いたことあります。

押井　それにさ、この相談者は別に悩んでいません。悩んでいると思っているだけで、実は悩んでなくて愚痴ってるだけ。

そもそも、大体の身の上相談とか人生相談の本質というのは、みんなそうなんです。何度も言っているように！　当事者が、自分の悩みをちゃんと把握していない。この人の言っていることは愚痴であり不平不満。そんなのは生きて行く上で誰にもあること。もし、本当に悩んでいたらちゃんと暴れていますから。

――そうかもしれませんね。

押井　（北野）武の『アウトレイジ』（10）でもあったじゃない。「また私ら、汚れ仕事ですか。こんなんばっかりやらされる」云々と不満を並べていても、別にその組から出たり、別の行動を起こしたりはしない。なぜかと言えば、その仕事が気に入っているし、そういう自分の立ち位置にも満足しているから。自分の仕事が用意されていて、ちゃんと居場所もある。この相談者と同じですよ。

――必要とされていて、しかも居場所もある。確かに問題ナシですね。

押井　不満や不平はある。愚痴も言いたい。でも、それは悩みじゃないから。本当にイヤなら暴れているし、さっさと残業せずに帰宅してますって。してないところを見ると、そういう自分が嫌いじゃないんですよ、わたしに言わせれば。集団のなかの自分の立ち位置は自ずと決まってしまうもの。そして、大体がそれに満足する。

この原則、実は家庭にも当てはまる。兄弟姉妹の関係性ですよ。できのいい兄、できの悪い弟、グレた兄と真面目な弟とか、ふたり揃ってできがいいというのは、あまり聞いたことがない。絶対に『サンダーバード』みたいな兄弟はいません！　５人揃っていい子なんてありえないから。

――そうですね。妹や弟の場合、上の影響は大きいですね。ねえちゃんがグレていたら、ねえちゃんのような不良にはなりたくない、ってなりそうです。反面教師にしてしまうかも。

押井　そうやって**人間は集団のなかで自分の立ち位置を考えるんです。**自分の能力や性格で決まっているど思いたいだろうけど、実はそうじゃない。集団の原理で決まっているんです。

夫婦もそうです。ふたり揃って優等生みたいな夫婦はあまりいない。旦那がしっかりしていたら奥さんはユルくなっちゃうし、奥さんが生真面目だったら、旦那はどんどんいい加減な男になる。これは力関係ですよ。相対的にそうなっちゃうの。ふたりでがんばるぞなんていう共産党の夫婦なんてのが、そういるわけがない！

――共産党の夫婦って……。

押井　実際にいたんです！　名前は伏せますが(笑)。

――押井さん、映画は？

押井　うーん……(ロバート・)アルドリッチの『燃える戦場』(70)はどう？　あのユルユル感、いいじゃない。敵というのは日本軍で、その飛行場をジャングルを突き切って偵察に行くんだけど、もし本当に見てしまったら意地でも帰還しなくちゃいけない。それは面倒なので、昼寝して時間を潰そうって作戦。このユルさがいいですよ。とはいえ、バレちゃったので、必死になるしかなく、実際に必死になるんだけど。日本人的には高倉健も出てるしさ。

――アルドリッチ映画の男たちって、普段はユルユルなのに、いざとなったらヒーローしてしまう野郎ばかりですね。しかも、目的のためならどんな手を使ってもいいと決めている。

押井　そうです。自身の美学やポリシーにこだわっていたら死ぬしかない。信念と心中しても意味

がないというのがアルドリッチの男たちですよ。昼寝して時間潰しが作戦って、とてもアルドリッチらしい。サイコーだよ。

——ということは押井さん、「『燃える戦場』を観て、手抜きを覚えろ」ですね。

押井　「手抜き」というのは生きる上で絶対に必要なスキルなの。にもかかわらず、誰も教えてくれない。だから自分で身に付けるしかない。なんでも手抜きをするのはダメで、どこで手抜きをするのか、そのコツを摑む必要がある。唯一教えてくれるのは映画くらいじゃないの？　自分の経験、そして『燃える戦場』ですよ(笑)。

注：『燃える戦場』：太平洋戦争時の島で日本軍の基地爆破に向かった米軍&英軍の連合軍兵士たち。お調子者の英軍兵士にマイケル・ケイン。高倉健は本作でハリウッドデビューを果たした。

第二章

家族

Q 母親が結婚しろとうるさい

田舎に住む母親がとにかく結婚しろ、結婚しろとうるさいんです。母の勤務先に来るお客さんの息子と見合いしろとか、知り合いの知り合いの知り合いと見合いしろとか、とにかくあらゆるツテを使ってお見合いさせようとします。母自体、その男性がどんな素性か知ってるのかよ！　と思うこともしばしば。私が断るとヒステリックに怒り、「お母さんとお父さんが死んだら、あんたは天涯孤独だよ」と涙ぐんだりして、母ってこんな人だったっけ？　と正直困惑することもあります。私だってゆくゆくは結婚したいと思っていますが、いまは30歳で独身なんて普通ですし、そっとしておいてほしいです。私の気持ち、どうやったら母に判ってもらえるでしょうか。

（会社員・30代・女性）

A 「母親に理解してもらおうと考えるな。まずは自分のことを考え、必要とあらば親を騙せ」

押井　娘の結婚に関して、確かに母親はうるさい。わたしの知人にも似たような状況の女性がいて、30歳代になったころから「男なら誰でもいいから、早く連れて来て」と懇願されていたって(笑)。でも、そう言うのは母親で、父親は言わない。なんで母親は娘に結婚させたがるんだろう？　それは、わたしもかねてから不思議だと思っていた。麻紀さんは言われたクチ？

――私は24歳で結婚したので、まったく言われませんでしたね。知人は20代後半になって、結婚のことを言われるようになったようです。

押井　父親の場合、極端に言えば「娘は一生、嫁に行かんでもいい」くらいに思っているから、結婚しろとは言わない。反対に息子に対しては、さっさと家を出て独り立ちしろと言う。どういうふうに生きてもいいから、まずは家を出ろというのが息子に対する父親ですよ。

つまり、正反対と言っていいくらい娘に対する父親と母親の態度は違う。わたしはこれを、**母親は生物としての基本的な本能をもっているから**なのでは？　というふうに考えている。

――娘と同性である母親は、子孫を残さなければいけないということを本能的に判っていて、娘が年頃になるとうるさく言う、ということですか？

押井　父親がそう言わないのは、子どもを産めないからです。

――確かに、うちの父親は「ずーっと家にいてくれていいんだぞー」という感じでしたね。息子はうざいからいらないのかな(笑)。押井さんはどうだったんですか？

押井　わたしの娘は結婚するのがわりと早かった。え！　もう結婚？　という感じだった。しかも離婚したわたしの場合は、彼女が生まれてからまだ10回も会っていないのに。やっと普通に社会人になり、これからお付き合いができるのかなと思っていたら、あっという間に結婚。別に反対はしなかったけど……。

――10回も会っていないんだったら、結婚に口出しはできないんじゃないですか？

押井　はい、権利もなければ義務もありません。そういう立場じゃないことは、本人が重々判ってます。それに結婚相手も知人だったし、文句を言うつもりはまったくない。だけど、もしわたしが娘と一緒に住んでいたら、たとえ相手が人気作家であっても、結婚をすんなり認めたとは思えない。それが父親です。

――押井さんの作品には、必ず幼い女の子が登場していて、それは年に1回しか会えないお嬢さんのメタファーと言われていました。この、押井ファンの都市伝説みたいな話は本当なんですか？

押井　自分はまったく意識してなくて、ある人にそう言われたんだよ。そう言われて気づいたから、もしかしたら潜在意識としてあったのかもしれない。娘とよく会うようになってからの作品には、幼い女の子は登場してないしね。

――母親の場合は、種の保存能力だと？

押井　母親がうるさいのは、理屈でもなんでもなく、種の保存能力のなせるワザです。適齢期に近づくと、早く結婚して子どもを産み、生産単位になれということです。そうしないと世の中が成立しないし、それ以前に人類が存続しなくなる。

――ということは、母親を黙らせるためには……？

押井　適齢期を過ぎればいい。子どもの出産が難しい年齢になればピタリと黙っちゃうんじゃない？　子どもを産むことがリスクになる年齢まで待てば、母親は何も言わなくなるというのが、わたしの答えです。先日、聞いた話だと、ずーっと結婚しろとうるさかった母親が、その女性の妹に子どもが生まれた途端、何も言わなくなったという例もある。

――孫をもてたので、もういいというわけですね。

押井　おそらく。もうひとつの方法は、しょうもない男を「この人と結婚します」と言って紹介する。禿げたオヤジとか、パンクロッカーとか、母親が絶対イヤがりそうな男を連れて行く。

親は騙してもいいというのがわたしの持論。自分の人生なんだから、自分で守るのが当たり前です。親を騙すのなんて屁でもない。

――相談は「どうやったら母に理解してもらえるか？」ですよ。

押井　理解してもらう必要はない。だって母親が判るわけないでしょ？　**判るのは自分だけです。**そういうのは近親者のほうが判らなくて、まだ知人や近しい友人のほうが判るんじゃないの？　近親者に対して冷静な判断はできないですよ。ましてや自分の娘に対して母親は、自分の分身くらいに考えている。言うまでもなく、それは幻想にすぎません。

――ウソがばれたらどうするんです？

押井　いいんじゃない？　あきれられて終わりだよ。

――そもそも、親が子どもを理解できないというのは、どういうことなんですかね？

押井　ひとつの人格として見てないということです。映画で言うと『キャリー』（76）のお母さん。もう典型です。娘の人格を認めず、自分の歪んだ価値観を押し付ける。そういう母親、理解できないでしょ？　する必要ないんですよ。

――ブライアン・デ・パルマの『キャリー』ですね。あのお母さんはキャリーより怖かった。

押井　ああいうふうにならないためには、家を出て自立しなきゃいけない。キャリーももう少し自立心があれば違う運命をたどったかもしれないけど、ふたりは依存し合っていたからますます酷いことになっていった。そういう母子というのは、意外と多い。麻紀さんの家はどうだった？

――両親ともに、ひとつの人格として見ていてくれたように思いますね。わが家はそれが普通だったので、世の中に出て「もしかして、うちの家って変わってる？」という感じではありました。

押井　だろうね。麻紀さんを見れば判る。

――そうですか？　押井さんの家はどうだったんですか？

押井　わたしも世の中に出て、自分の家がヘンだったことに気づいた。押井家は完全に個人主義で、中学生になったころには、もう全員が個室で暮らしていた。ご飯の時間だけは一応、一緒に食べるけれど、あとは何をしようが知ったことじゃない。うちに公安の刑事が来るまで、おふくろもオヤジも息子が何をやっているのか、まったく知らなかった。末の息子が過激派の高校生だったなんて、まさに寝耳に水だったわけですよ(笑)。

――押井さんの時代で個人主義というのは珍しいのでは？　最近は、息子が自分の部屋で何をやっているか判らないというか、判らないほうがいいと思っている家族も多そうですが。

押井　いまの親や子どもは、どうやったらリスクを回避できるかしか考えていないと思うよ。

――では、押井さんの結論は……。

押井　母親に理解してもらおうという考えが甘い。母親のことを考える以前に、自分のことを考えなさい。自分の親も騙せないようじゃ、この先、見込みはありません。親も騙せない人間が、世間を騙せるはずがないですから。

社会人としてやっていくということは、世の中と上手くやっていくということ。世の中と上手くやっていくということの半分は、世間を騙して生きていくということです。正直な人生を選んだら、おそらく社会でやっていくことはできません。

Q 弟のことが理解できません

（フリーランス・50代・女性）

両親も亡くなり、弟と私、どちらも独身です。いま弟は田舎の実家、私は離れた都市でひとり暮らし中です。経済的なことを考えると、近い将来ふたりで暮らすことになりそうな予感がしています。でも、弟は変わっていて、トラブルも多いんです。先日、私が田舎に戻ったときのことです。私が友人からもらったクッキーを、弟がひとりで全部食べてしまいました。「食べたかった！」と怒ると、「へー、そうなんだ」と気にする様子もない。「謝らないの？」と聞けば、「姉ちゃんは、あの引き出しに入っているお菓子は食べてもいいと前に言った。だから、謝る必要はない」と言います。でも、私が怒ったり悲しんだりしているんだから、普通だったら姉ちゃんに悪いな、ここはひとつ謝っておこうとなりませんか？　こんな理解不能なヤツと一緒に住むことを考えると、不安になります。

A 「重要なのは理解することではなく、折り合いをつけること」

押井　人生相談にはこういう相談が多いけど、わたしがいつも感じるのは、なぜ相手を理解しなくてはいけないと思うのか、ということ。この相談だと、理解できないから許せないのか、それとも理解したいと思っているのか、その辺がよく判らない。麻紀さん、判る？

――この弟さんの言うことは筋が通ってますよ。でも、たとえそうであっても、悲しんでいる人がいたら一応、「ごめん」とか言いません？　そこにこのお姉さんは驚いているんじゃないですか。

押井　そういうデリカシーのない人間なんだから仕方ないじゃない。驚いておしまいでしょう。それに、なぜ一緒に暮らすわけ？　イヤなら暮らさなきゃいい。

――いやいや、「経済的なことを考えると」と書いてるじゃないですか。この状況、判りますよね。

押井　そういう事情があるのなら、理解することは重要ではない。その場合に必要なのは「折り合いをつけること」。だから、もし弟と暮らすなら、デリカシーのない弟と折り合いをつけながら生きるわけです。自分は自分、弟は弟、それぞれ違う人間として付き合えばいい。これが答えです。

でも、わたしに言わせれば、なぜ一緒に暮らすのが肉親なのかとは思う。自分が選んだ人間と付き合うなり、暮らすなりすればいいのに、なぜか〝血〟に縛られる。わたしは、これが理解できない。

――そうですか？　私はよく判りますよ。家族や肉親に縛られる人はたくさんいるし、私も独身に戻ったから、将来はきょうだいと暮らすことになるかもしれない。

押井　血縁というのは宿命なんだよ。親もきょうだいも自分では選べないから。じゃあ**自分の人生を生きるとは何かと言えば、自分が選んだ人間と付き合うということになる。**

――人生は選べるから、ですね。

押井　そこに大きな意味がある。〝宿命にどう対応するか〟に人生の本質があるとは思ってない。

――押井さんは、〝宿命はさておき〟にできるんですね。

押井　はい。わたしも兄姉はいるけど、彼らと理解し合うなんてことは一度もなかった。舞踏をやっている姉ちゃんは表現者でもあるから、ある種のシンパシーを感じるけれど、それはあくまで表現者として。兄姉としてのシンパシーではないです。兄姉で食事をするとか、ときどき会うなんてこともしない。兄貴なんていまどこにいるのかもはっきり知らない。

――それはまたドライな関係ですね。

押井　ドライとは思ってません。普通です。相談者にもうひとつアドバイスをすると、ルールを決めることです。夫婦にだってルールがある。これだけは守ろうという最低限のルール。これは誰かと生活する上では絶対に必要ですよ。暗黙の了解もあれば、箇条書きにして壁に貼らなきゃ気がすまない者もいる。宮さん（宮崎駿）なんて、やたらめったらそういうことを書いて壁に貼る。飲みかけのドリンクを冷蔵庫に残すなとか、トイレットペーパーを無制限に使うなとか、ブタがプンプン怒っている絵を描いてベタベタ貼りまくっている。

――かわいいですねー。その絵、欲しいかも。

押井　はあ？　そこは「何て細かいんだ」でしょ！　宮さんのことはさておき、血縁関係の問題、両親でもきょうだいでも、自分じゃない他人なんだよ。自分の分身だと思いたがるから厄介なんです。他人である以上、触れてはいけない領域がある。それをデリカシーと呼ぶ。お菓子を食べられてショックな気持ちを理解できない人間だったら、そういうものとして関係を築くしかありません。

――答え、短くないですか？

押井　**悩んでいる人間は、何が課題のコアなのか判らずに悩んでいるものなんです。**相談を客観的に見ると大体、その正体が割れてしまう。一応、言っておくと、人生相談とは、**実際は何に悩んでいるのか、その正体を明らかにすることがもっとも重要なテーマなんです。**だから、このお姉さんにオススメの映画は『間宮兄弟』（06）です。森田（芳光）の映画。やっぱり森田って面白い監督だなあって思った。佐々木蔵之介の出演作の中でもこれが一番。彼を結構いい役者だと思ったからね。兄弟とはかくありたいと思えるような映画だった。

――私、観てないんですが、兄弟ものとしていい例なんですね。

押井　わたしはそう思った。兄弟そろってビデオを借りて一緒に並んで映画を観ているだけ。ちょっとした問題が起きるんだけど、結局はふたりで映画を観ているだけ。その「並んでいる」というところがいいんです。わたしは常々、人間はお互いに向き合っちゃダメだと思っているから。並んで同じ風景を見ましょうというのが大切なんです。

――森田監督は『家族ゲーム』（83）でも家族を並ばせていましたね。でも、あれは家族のコミュニケーションがないという表現だったんじゃないですか？

押井　そうかもしれない。でも、少なくとも彼は、向き合うのではなく並ぶことが重要だということは判っていたんだと思う。老境に入った夫婦もお互い見つめあうんじゃなく、縁側に並んでお茶を飲んでいるという構図が頭に浮かぶでしょ？　それがあるべき親しい関係。親和性というものです。

キャラクター同士が向き合うなんて、そもそも絵にならない。師匠（鳥海永行）があるとき「押井くん、男女に限らず、人と人が別れるシーンで、お前ならどんなレイアウトを取る？」と言うんで「やっぱりヨコイチ（横位置）でしょう」と答えたら「違う。タテにとれ。タテにとって実際にすれ違わなくてもいいから、違うものを見ていることを伝えるんだ」って。なるほどと思いましたよ。お互いが違う方向に歩き出す、これが別れのレイアウト。師匠は「向かい合うのは対決にしかならない。男女がお互いの気持ちを確かめ合うときは、見つめあうのではなく、同じ方向を見ている。別れるときは違う方向を見ている。レイアウトで別れを語るんだ」って。大変勉強になった。

――言われてみると、押井さんのレイアウト、そういうの多いですね。

押井　一番簡単なのは車の中で話してるシチュエーション。みんなが並んで前を向いている。わたしは重要なダイアローグは全部、そのレイアウトでやってきた。誰かが語っているとき、もうひとりの反応が全部判る。切り返す必要すらないんだから、これがもっとも優れたレイアウトなんです。

――映画館も同じですね。みんなが並んで同じ方向を見つめている。

押井　映画は、赤の他人同士が暗闇で、同じ方向を見て過ごす、これが面白い。

――相談者は姉と弟ですが、このパターンはあります？

押井　姉と弟で言ったら市川崑の『おとうと』（60）があるけど、わたしはあの湿っぽさが……。日本人が考える姉弟ってこうなんだと思ったくらい。何度かリメイクされているけどね。

――『レインマン』（88）も兄弟の話ですよね。

押井　洋の東西を問わず、きょうだいの話となると同じ轍にはまるもの。他人には理解できない特殊な領域の話になる。要するに〝共依存〟ですよ。文芸に登場するきょうだいやら親子の話は全部、共依存の関係。『キャリー』の母子だってそれだからね。わたしはその手の話には興味はないです。

注：『間宮兄弟』：江國香織の同名小説の映画化。仲良し兄弟の日々をほのぼのかつシュールに描いた人情コメディ。出演は佐々木蔵之介、塚地武雅、常盤貴子ら。

注：『家族ゲーム』：奇妙な家庭教師の登場で、平凡な家庭にさざなみが立つさまをシュールに描く。家庭教師に松田優作。

注：『おとうと』：幸田露伴の娘・文の同名小説の映画化。自分と自分の弟をモデルに姉弟の絆を描いた。１９７６年に山根成之監督、郷ひろみ主演、２０１０年には山田洋次監督、吉永小百合主演でリメイクされた。

注：『レインマン』：離れて暮らしていた世慣れた弟と自閉症の兄が絆を取り戻すまで。監督はバリー・レビンソン。

Q 家事は俺がやりたい

嫁の家事が甘いです。食器はいつも水につけ置いて朝まで放置しているし、洗っても洗い残しがあります。野菜を切った包丁なんてさっさと水で洗って、しまえばいいと思うんですが……。掃除機も適当にかけている感じで気に入りません。なので、嫁がいないときにこっそりやり直しています。「俺、こういうの得意だから任せてよ」と言っているのに、やる嫁。そして、俺がやり直しているのを見つけると怒る嫁。どう言って止めればいいでしょうか？

（団体職員・20代・男性）

Q 妻の目覚まし音がうるさい

僕はいつも仕事で忙しく、深夜に帰り、昼ごろまで寝る生活をしています。ですが、妻は朝7時に目覚ましをかけているので、毎朝起こされてイラっとしてしまいます。これがイヤで寝る部屋も別々にしたのに、まだうるさいんです。もう少し気を遣ってくれてもいいと思いませんか？

（会社員・30代・男性）

A 「あなたたちは結婚に向かない性格です。離婚したほうがいいと思いますが、一応、努力はしてみましょう。話し合うのも手だし、宮崎駿的な〝家庭内難民〟という生き方もあります」

押井　このふたつの相談の本質は同じなのでひとつにまとめてしまいましょう。答えはズバリ、あなたたちは結婚に向きません、です。彼らはたぶん、他人と一緒にいること自体が不愉快な人。家事ひとつをとっても、自分とやり方が違うだけで我慢できないわけでしょ？　根本的に他人と同居することに向いてない。

――どうして結婚したんでしょうね。

押井　上手くいくと錯覚しちゃったんですよ。若いとそういう錯覚に陥るものです。

でも、夫婦にもいろんな夫婦がいて、家計は全部別、冷蔵庫に入れているものも、ちゃんと名前を入れて分けているとかね。そういうやり方もあるかもしれない。あとは一緒にいたいのなら努力しかない。

――まずは奥さんに相談するのがいいんじゃないですか。「家事は俺がやりたい」の人は、この文面だと、奥さんに苦情は言ってないようでしょ？　自分でやるのは厭わない人みたいだから、奥さんも任せてしまえばいいのに。

押井　おそらく、そうなるとそうなったで、また苦情が出てくると思う。だから、この手の人は他人と暮らすのに向いてない。離婚がイヤだったら、ひとりの時間を作る。相手のやることを見ちゃうから気になるんです。ご飯を一緒に食べたら、後片付けなんて気にせずに自分の部屋にこもって、好きなことをやる。家庭内別居すればいい。それでも、奥さんの立てる音が気になるのなら、離婚しかないですよ。

――「別の部屋で鳴る目覚ましも気になる人」という人もいますが……。

押井　そういう男をわたし、身近で知ってます。宮崎駿という人ですが。

――でも押井さん、宮崎さんは結婚生活してますよね？

押井　でも、家には帰りたくないんだという人です。

――じゃあ、宮崎さんの対処方法は「家に帰らない」ですか？

押井　宮さんも鈴木敏夫も同じ。家庭内下宿している。家庭内難民とも言いますけどね。奥さんは全然相手にしてくれないし、帰宅しても自室で本を読んだりして寝るだけ。ご飯も外ですませて家では食べない。それでも表面上は結婚生活を続けていることになっている。

――時間をかけて作った独自のライフスタイルなんですね！

押井　それに宮さんはすごく細かい。一度、山賀（博之）と庵野（秀明）、前田（真宏）の4人で宮さんの別荘に行ったことがあるんだけど、宮さんはがみがみ怒ってばかり。この3人は本当に何もしないから、仕方なくわたしがご飯の支度をやっていた。彼らは本当によく食べて、梅干1個に至るまで食い尽くす感じ。食べたらマンガを読みふけって、読むマンガがなくなったら隣の町まで買いに行く。だから宮さんはずーっとがみがみ怒るばかり。そんなこと、呼ぶ前から判ってたはずなのに、何で呼んだんだということですよ。

で、そのあと、宮さんはちょっと仕事ができて東京に2日くらい戻ることになったんだけど、その留守中、味噌漬けにした豚肉の塊を見つけて、みんなで完食した。まあ、庵野は偏食男なんで、食べなかったけどね。

——宮崎さん、ショックを受けてたんじゃないんですか?

押井　そう、メチャクチャ怒った。豚肉は宮さんの大好物だから、「何であんなヤツらに食わせるんだ！」ってすごい剣幕。で、何が言いたいかというと、**宮崎駿というおっさんは、誰と暮らすのにも向いてない。**向いてないけど、ひとりでいることにも耐えられない。本当にやっかいなおやじなんだということですよ。

——それでも許されるのは天才だからですね、きっと。この相談者たちは天才じゃないから大変なのかもしれません。

押井　天才だから許されるとか関係ないです。

最近は男のほうに、こういう繊細というか細かいタイプが多いのかもしれない。わたしの身近にもうひとりいます。助監督をやっている金子（功）です。飲み会にはもれなく来るヤツで、その食べっぷりが尋常じゃない。右手で餃子を摑みながら、左手にチクワにキュウリを詰めたものを持って口に運ぶ。「両手で食うなっておふくろに言われなかったか？」と聞くと「何のこと？」だからね。そのくせ、人のことには口を出してきて、わたしが居酒屋で卵焼きの大根おろしを全部取ったら「何でそんなことするんですか？　失礼だと思わないんですか？」って。「おまえ、大根おろし好きだったの？」と言うと「そういうことじゃなくて、ひとりで全部取っちゃうことを言っているんです！」だって。「はあ？　どうせおまえ、俺に金を払わすつもりだろ？」と言うと「はい、そうです。それが何か？」だもん。もうありえない。

——押井さん、食べ物の話ばかりですよ……。

押井　まあね。だから、宮さんや金子のような男は細かいくせに、自分のことには気づかないんです。この相談者ふたりも、奥さんの立場から見れば、おそらく何かあるはず。だからわたしの答えは、まずは話してみる。それでもダメなら家庭内難民。それでもダメなら離婚しましょう、です！

注：山賀博之（やまが・ひろゆき）：1962年生まれ。監督・脚本家・プロデューサー。監督作に『王立宇宙軍 オネアミスの翼』（87）、プロデュース作に『新世紀エヴァンゲリオン』（95〜96）など。
注：庵野秀明（あんの・ひであき）：1960年生まれ。アニメーター、監督。『風の谷のナウシカ』（84）で原画を担当。アニメ監督作に『ふしぎの海のナディア』（90〜91）、『新世紀エヴァンゲリオン』（95〜96）。実写監督作に『キューティーハニー』（04）、実写総監督作に『シン・ゴジラ』（16）。
注：前田真宏（まえだ・まひろ）：1963年生まれ。アニメーター・アニメ監督。監督作に『青の6号』（98〜00）、『アニマ

トリックス セカンド・ルネッサンス パート1、パート2』（03）など。『天空の城ラピュタ』（86）、『紅の豚』（92）、『新世紀エヴァンゲリオン劇場版 Ａｉｒ／まごころを、君に』（97）などでは原画を担当。

Q 子どもに関して夫婦間にギャップがあります

（会社員・30代・男性）

結婚して4年、妻は子どもが好きで、すごく欲しがっています。でも、僕は正直いてもいなくてもいいっていう感じなので、妊活に前向きな妻についていけないことが多々あり……。でも、こんなことを言うと妻を悲しませてしまいますよね、僕はどうしたらいいんでしょうか。

A 「奥さんは愛情をかける対象が欲しいだけ。まずはネコを飼ってみて、ダメだったら離婚しましょう」

押井 こういう夫婦はよくいそうだけど、結婚前になぜ話し合わなかったのか不思議ですよ。でも、もう結婚してしまったんだから仕方ない。この相談者に提案するのは、実践的な効果がありそうな「ネコでも飼ってみる」ですね。奥さんはきっと、旦那だけでは満たされなくなって、何か愛情の対象を欲しがっている。だからまずネコを飼い、それで満たされればお互いが平和になる。

――この旦那さんのほうは、なぜ子どもが欲しくないのか、その理由が判らないですね。

押井　理由は別にいりません。いらない人はいらないだけの話です。子どもが欲しい人にも、確固たる理由があるわけじゃないのと同じです。

――でも、子どもが生まれたら、この相談者も変わるかもしれないですよね。

押井　変わらなかったらどうするんですか。ほかのことと違って、子どもを作るというのは一生リスクがついて回る。イヌネコは10年かそこらで死なれちゃうけど、子どもは普通に生きれば自分たちより長生きする。しかもイヌネコの場合は、たとえ15歳まで生きても子どものまま。でも、人間は成長しますからね。成人したらさっさと家を出てひとりで生きろと言いたいけれど、なかなかそうはいかないのが日本だったりする。

――そうですね。それに何か大きな事件を起こすと、たとえその犯人が成人した大人であっても、両親にスポットを当てるというパターンが、日本では多いような気がしますよね。

押井　サイコキラーであろうが、ノーベル賞をもらおうが、金メダルを獲ろうが、その人物の両親にマイクを向けようとする。「親の顔が見てみたい」という昔からの因習。かつての共同体のなごりです。

――いや、相談は、この夫婦の価値観のすれ違いです。

押井　この夫婦がどんな結婚生活を送っているか判らないけど、結婚というのは自分の価値観を変えること。それまで培ってきた価値観や生活をそのままキープして相手と暮らすというのは、誰かと関係することにはならない。自分の価値観はそのままで結婚したいというのはありえません。お互い、相手と共有する部分があるから一緒に暮らすんです。わたしの知り合いの若い子は、そんなことするつもりが1ミリもないくせに、結婚だけはしたいと言っている。失敗するのは目に見えている。

――私の友人は、「お互い妥協するというと悲しくなるから、お互いを思いやると考えている」と言ってました。

押井　そうです。お互いにすり合わせるんです。そうやって初めて「一緒に生きる」ということに意味が生まれる。何度も言うけど、**夫婦は所詮、他人同士**なんです。親子やきょうだいのように血は繋がっていない。肉親だったら、たとえケンカしようが一生関係性は変わらない。でも、夫婦は何か起きれば、すぐにダメになるから。生活をスタートする前に、夫婦は他人ということを踏まえ、これだけは譲れないというようなことを話し合っておくべきなんです。

そして、1ミリも譲れないヤツはダメだけど、全部譲るヤツはもっとダメ。人間の本質を理解してないから、そんなことをやる。

――理想はそうですが、いざ結婚してみたら、やっぱりイヤだったという場合もありそうですよね。

押井　そういうときのためにも、いろんな顔を持とうと言っているんです。これも何度も言っているけど、人間はたったひとつの顔だけでは生きては行けない。どこかで破綻するから。そうしないためには、奥さんの前で見せる顔、仕事のときの顔、友だちと飲んでいるときの顔、ひとりのときの顔……いろいろな顔を使い分ける。それらの顔が全部同じなんて人がいるはずがない。これは思想家の吉本隆明が説いた理論です。「人間は、ひとつの人格を生きるものではない。人間の意識はそういうふうにできない。最低でも3つの人格を演じて生きるんだ」と言ってるんですよ。これはまことに正しい。

――夫婦ゲンカの原因には、旦那が隠し事をしたというのもよく聞きますよね。結婚するときに「お互い隠し事はしない」と誓い合うカップルもいるけど、ありえませんよね。

押井　もちろんです。わたしは仕事仲間に結婚式のスピーチを頼まれ、新郎新婦の七つの誓いとかをやった後に「いま聞いた七つの誓いですが、それを守ることは不可能だと思います。夫婦なんだから秘密は絶対作りましょう」って言ったんです。その場にいたオバさんたちはムカついているふうだったけど、オヤジたちはニヤニヤしていた。男は判っているけど、女性は判りたくない。

――そうですけど、結婚式で真実を言われたら、さすがに苦笑いするしかないのでは？

押井　そもそも結婚式というイベントは女性のためにやっているわけで、男は付き合っているだけ。結婚式の主役はいつも花嫁。メインの客も彼女の両親や親族、友だちです。男はしょうがないから付き合っている。結婚式をしたいという男性なんていませんよ。

――いや、だから相談の答えは何でしょう。

押井 だから最初の「ネコでも飼ってみよう。それでもダメだったら離婚しましょう」ですよ。

Q そんなに仕事が大切なの？

（パート・30代・女性）

仕事ばかりで家庭を顧みない夫。結婚前、こういう話は他人事だと思っていましたが、どうも私の家族にも当てはまるようです。夫は本当に仕事人間で、家に帰ってきてもただ寝るだけ。子どもが生まれ、たまには家族揃って出かけてみたいのですが、たとえ出かけても一緒に何かするでもなく、私たちから離れてスマホをいじっていたり居眠りしていたりです。家族みんなで遊んでいる旦那さんを見ると羨ましくなります。どうすれば夫を家族の一員にできるでしょうか。

A

「他者にとらわれず、自分や自分の家の価値観を築こう。家族の問題を本当に解決したいのなら、家族という単位が生きる基準として正しいのか、そこまで遡って考察するしかない」

押井　よくある悩みだけど、この答えは簡単です。「**奥さんも好きなことをやりなさい**」ですね。

――こういう話を聞くと、いつも思うんですが、世間の主婦は「旦那は元気で留守がいい」んじゃないんですかね。「旦那が仕事人間で、家庭をまったく顧みなかったから離婚しました」なんて話、本当によく耳にします。それに「明日はパパも一緒に遊園地。でも、パパに仕事が入って行けなくなって子どもはしょんぼり」とか。子どもの気持ちは判らなくもないですが、奥さんの気持ちはどうなんでしょうね。旦那がちゃんと働いて、家にお金を入れてくれるだけじゃダメなんですかねえ。

押井　家族はこうあるべき、と奥さんが思っているからですよ。奥さんは、一家の幸福感を追求しているわけではなく、うちの家族は世間並みじゃない、と悩んでいるだけです。要するに、**幸せではなく、標準を求めているだけ**です。

――普通の家族は、休日はみんなでお出かけするもんだという標準ですか。

押井　この奥さんを含め、多くの奥さんが横並びにしか考えていない。そこから自分と自分の家族は滑り落ちたくないし、弾かれたくない。変わったこともしたくない。絶えず同じでいたい、多数派でいたいと思っているだけ。多数派でいられる安寧感に浸っていたいだけです。でも、父親は仕事のほうがいい。奥さんは、そんな父親を強制的に遊園地に連れて行っても、誰も楽しくないというふうには考えられないわけです。

本当にピクニックに行ったり遊園地に行ったりするのが楽しかったら、父親は黙っていても行きますよ。会社さぼってでも行く。だって飲みに行ったりすることには積極的だったりするわけだから。

――もしかして奥さん、そういうのを薄々判っているから、より頭に来るんじゃないですか？

押井　だから、そのときの相談は「家族を顧みない夫にムカつく」じゃなくて「自分が理想としていた家族が築けない」のほうが正しい。あるいは「自分が考えていた夫と違いすぎる」とかね。

――ママ友や、子どもの同級生の母親たちの会話に「家族でディズニーランドに行った」とか「家族でハワイに行く」という言葉があると、自分も！　って思っちゃうんですかね。

押井　それは虚栄です。**虚栄のために家族関係を悪化させるなんてサイアクです**。ちなみに、その家族でハワイというシチュエーション、父親は嬉しくないんじゃない？　休みの日くらい、家でゴロゴロしながらＮｅｔｆｌｉｘでも観ているほうがラクチンでいいと思っているんじゃないの(笑)。

――私もそのほうがいい(笑)。たまったドラマをイッキ観する。

押井　だから、世間様の考える幸せと違っていいんですよ。自分や自分の家の価値観があればいいし、うちの父ちゃんはそういう父ちゃんなんだって思えばいい。

海外のアニメやゲームのイベントに行くと、家族連れが結構いる。奥さんも子どもも、父ちゃんと一緒に楽しもうとしているんだよね。バイカーみたいな格好のデカい男が(『うる星やつら』の)ラムちゃんのTシャツを着ていて、そのあとを奥さんと子どもらしき人がぞろぞろと歩いている。こういう風景は、あまり日本では見ないんじゃない? 日本の場合、大体が男ひとりか男の集団。家族連れはあまり見たことがない。

わたしの知人は、せっかくの休日に親同士の付き合いに顔を出せとしつこく言われてウンザリしていた。それがイヤというんじゃなくて、せっかくの休みなんだから家族でのんびり過ごしたいだけなのに、奥さんはそれを判ってくれない。せっかくの休日だから、父ちゃんだってプラモ作りたいし、映画も観たい。酒も飲みたいし、ゴルフの中継だって観たい。そういうお父さんの心も判ってあげてください。

——うちの両親は、親同士の付き合いなんてゼロでしたね。

押井 うちもだよ。運動会でも母は仕事で忙しいから来なくて、わたしはひとり教室で弁当食べてたから。オヤジにいたっては子どものことを一切構わなかった。

——うちもヘンでしたけどね。父兄参観って父親が会社を休める日曜日にあるじゃないですか。ところがうちの父親は日曜日に『鉄腕アトム』をやっているから行けないって言うんです。当時はビデオがないから、リアルタイムで観るしかない。で、結局、私も『アトム』が観たかったので学校は休んだ(笑)。母も別にいいよって感じで、学校に何かテキトーなことを言ってくれたと思いますよ。そんな家だったからなのか、私には反抗期はなかったです。

押井　いいじゃない、その話。うちなんて反抗期どころか、子ども全員が反逆したから。おかげで親を騙す天才になった(笑)。

——父子の間の騙し合いと、夫婦間の騙し合いって違うんですかね。

押井　夫婦間の騙し合いはダメです。

——血が濃い場合は、何かあったとしても何もなかったかのようにまた始められるけど、夫婦の場合は血が繋がっていないから、騙したということがばれると大変なことになりそうですよね。

押井　血縁同士は何でもできる。極端に言うと、殺しまでやっちゃう。血縁者に対するほうがより攻撃的になれるのはなぜかというと、許される可能性が高いから。家庭内の暴力が多いのはそのせいです。「肉親なのに」というのは間違いで、「肉親だから」そうなるんです。その反面、他人となると、心理的にがぜんハードルが上がってしまう。他人に対しては誠実であるべき部分がある。自分の息子は殴れても、飲み屋で会ったムカつく隣の男は殴れませんから。父親は、自分の娘が酷いことをやったら叩けるものの、同じことを他人の娘がやっても叩くわけにはいかない。他人に対して心理的障壁が高くなるのは当たり前。だから、騙すのだって他人のほうが大変になる。わたしはプロデューサーを騙すのには何の抵抗もないけど、スタッフは騙しませんから。

——ということは、プロデューサーは身内？

押井　そうです。でもスタッフは違う。世間が思っているのとは逆ですが、わたしはずっとそう思ってきたし、いまでもそう思っている。（プロダクション・アイジーの社長の）石川（光久）の悪口は言いまくっているけど、とても親しいヤツは別にして、スタッフの都合の悪いことは一切しゃべらない。石川とはたとえこじれたとしても、どこかで修復できると思っている。かれこれ20年付き合ってきて、お互いを必要としているのが判っているからです。

——夫婦の場合は、そのスタッフとの関係なんですね

押井　夫婦というのは、ある種の契約の上に関係が成立している。そこには当然、ルールもあれば契約もあるわけです。

——最近よく耳にするＤＶ夫はどうなんです？

押井　たぶん、その夫は奥さんを自分の血縁だと思っているんじゃない？　大きな勘違いです。奥さんとは血は繋がっていないし、自分のものじゃないですから。

——その夫にとっては自分のもののはずなのに、自分のものじゃないような言動を取るから頭にくるのかしら。

押井　そうやって抵抗するからますます頭にくるのかもしれない。ＤＶオヤジが外でも危険なヤツかと言えば、むしろ反対のほうが多いんじゃない？　宿命として生きてきた関係というのは所与の関係であって、自分が作り出した関係とは違って当たり前だから、そうやって内と外で違う顔になる。

——なんかＤＶ夫の価値観が判ったような気がしてきました。

Q 実家を手放したくない

（自営業・60代・女性）

押井　大体、人生相談の半分は、血縁者に関する悩み。なぜ多いかと言えば、世界でもっとも誤解されていることだから。もっと言えば、家族というものが、これほどまでに問題になったのは戦後のこと。核家族になってからです。昔は家族の問題ではなく、家の問題だった。家と家族は別のカテゴリーなんです。家というのは一族であり、親族関係を全部含んでいる。多くの家族の集まりが家。でも、いま問題になっているのはほとんどが家族。これはわたしに言わせれば、普遍的な問題ではなく、時代的な問題です。戦後に生まれた、歴史の浅い問題。そう思った瞬間から、見えてくる風景が変わるはずです。

ありていに言ってしまえば、いまの家族の90パーセントは機能不全ですよ、おそらく。その機能を無理やり回復させようという発想自体がもうダメ。むしろ、家族という単位が、生きる基本として正しいのか、そこを考えたほうがいい。そこまで遡らないと話にならない。本当に解決したければ、そうやって考えましょうというのが、わたしの答えです。

現在、東京に住んでいるのですが、先日母を亡くし、実家をどうしようかと思うようになりました（父も既に他界しております）。手放すのか、それとも田舎に帰るべきか迷っています。ちなみに私は独身です。だからかもしれませんが、田舎の実家がまだまだ自分の〝家庭〟という感覚で、手放したくない気持ちが強いです。

A「仕事を辞めたときに考えれば、おのずと答えは出るはず。いまから考える必要はない。ただし、年を取ったら〝人生の断捨離〟は必要です」

押井　実家ねぇ……わたしの場合は、おふくろが死んだときに売っちゃったので、もう実家はない。でも、それ以前にずっと昔から、自分のなかに〝実家〟という感覚がなかった。家を出た瞬間から一度も帰りたいと思ったことがなかったし、これでやっと自由になれる、二度と帰らないと思ったくらい。もう解放感でいっぱいですよ。帰ったのはよっぽどの理由があったとき。つまり、金をせびりに行ったりとか、米をかっぱらいに行ったりとか、そういう必要性があるときだけ。それ以外は原則として、実家には帰らなかった。

――私はこの相談者の気持ちはよく判ります。独身ということだから、いまだにその実家が彼女の〝家〟なんですよ。家族がいた場所が〝家〟。結婚していれば家族がいて、いま住んでいるところ

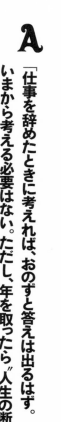

が〝家〟になる。実家への執着が少なくなると思います。

押井　でも、女性の場合、結婚していてもよく「実家、実家」と言わない？　毎週末、実家に帰る奥さんって、わたしもよく聞くよ。そもそも、実家の側に住みたいとか言うんじゃない？　旦那のほうは、ちょっとでも「実家」とか「実家で飯食ってきた」なんて言うと途端にマザコンのレッテルを貼られるのに、なぜか女性は非難されずに堂々と実家に帰っている。わたしの子持ちの知人も、奥さんの家族に付き合って、みんなでピクニックとかへ行っているけど、どう見ても楽しそうじゃないよ。

——いまは共働き世帯が多く、子育てが大変だからお母さんに手伝ってもらいたいし、お母さんも手伝いたいんですよ。それが高じて、いつの間にか、そういう家族イベントをやるようになったのでは？

それはさておき、相談は「実家を手放したくない」ですよ。

押井　わたしには故郷という感覚自体ありません。若いころからデラシネというかノマド。流れ流れてというのだよね。20回近く引っ越しているし、そのたびにワクワクしてた。わたしに言わせると、実家とか故郷というのは、脳内にだけある。幻想ですよ。

——「ふるさとは遠きにありて思ふもの」ですかねー。

押井　そういうことを考えるのは、心が弱っているとき。わたしがそうなったときはきっと、イヌやネコをよりどころにするんだろうと思う。この子たちのためにしっかり生きようって。

――押井さんがいま住んでいる熱海はどういう感覚なんですか。

押井　アタミはラクチン。静かだし、イヌやネコとゴロゴロしているのが一番ラクチンで幸せ。でも、3日もしたら仕事をしたくなるから東京に戻る。仕事がなかったら東京にいる理由は何もないですよ。東京には何の未練もないけど、わたしの仕事は東京じゃないとできないから。東京にいることで仕事になる場合だってある。もし、映画の仕事をしてなくて、本を書くだけだったら地方で十分。映画だって買い物だって、いまはどこにいても簡単にできる時代じゃない？　それはさておき、アタミにも故郷という感覚はゼロです。

――この人にとって一番いいのは、故郷の家も別荘のような感覚で保持し、生活は東京で送るというのが正解なのでは？　それだとお金は掛かりそうだから、余裕があればですけど。

押井　それは賢明じゃない。年を取ったら大きな家はいらないから。家はマンションのひと部屋で十分。自分だけで生活できなくなれば、施設に入るしかないわけだし、それまでにいらないものは減らしていくんです。**断捨離のリストにはモノだけじゃなく、故郷とか実家も入れたほうがいい。**人生自体を断捨離する。年取って、持ちきれないものを抱えていたら消耗するだけです。

――人生そのものを断捨離しなきゃいけないのか……考え込んじゃいますね。

押井　この相談者は自営業でしょ。どんな仕事か判らないけど、仕事をしている間は人間関係や仕事仲間が必要になるので東京を離れられない。だったら、もう仕事ができなくなったり、仕事を辞めたときに考えればいいんじゃない？　そのとき、おのずと答えが出る。いまはまだ考えなくていいんですよ。

Q 〝普通〟から解放されたい

（会社員・30代・女性）

2歳の男の子を育てている母です。保育園から、友だちと手をつながない、興味のあることしかしない、椅子に座っていられないなどなど、息子のおかしな行動を箇条書きにしたものを手渡され、しかるべき場所へ行くようにと言われました。最近よく耳にする、発達障害なんだろうとは思います。病院にも通いはじめました（小さくてまだ診断できないと言われてますが）。ほかの子と同じでなくてもいいじゃないか、彼の個性を伸ばして育てよう、と思っています。ですが、親と手をつないでいる子を見たり、お行儀よくレストランでお食事をしている子を見ると、どうしてうちの子は……と考えてしまうこともあります。自分の中の〝普通〟とか、〝みんなと同じように〟という気持ちから、解放されるにはどうしたらいいでしょうか?

A

「先生はラクをしたいからヘンと言っているだけ。〝普通〟には何の根拠もないことに気づいてください」

押井　わたし、子どものことで苦労した経験がないんですよ。遠くから心配していたとか、経済的な援助をするとかは、大した苦労じゃない。一緒に生活していないから。実際、母親に育てられた娘は、わたしが驚くほどいい子に育った。

――この人は、自分の子どもがこのまま大きくなって、学校に行き、社会に所属する年齢になったらどうなるんだろうというところまで、考えて悩んでいるのかもしれない。

押井　だからさ、**学校に行かなきゃとか、仕事に就かなきゃとか、結婚しなきゃとか思うのが、もう「普通」に縛られているんじゃないの？**　その普通に何の根拠があるのかと言いたい。そもそも、その先生の言うことを聞く必要があるのか、ですよ。

――保育園の先生は、「面倒くさい」とは言えないから「あなたのお子さんだけおかしい」と言ってしまうのかもしれませんよね。私の知人の子どもも、保育園で散歩に出るとき、帽子を被らないから困る、あんたの子どもはヘンだみたいなことを言われて悩んでいたけど、そういう仕事に就いている友人に聞いたら、「外出するときは帽子を被るのが義務付けられているからじゃないの？」と言われてなるほどと思いましたよ。つまり、ひとりそんな子がいると面倒くさい。それを「あなたのお子さんは「ヘン」という言葉で片付けているんじゃないですかね？　そっちのほうがよっぽどヘンだと思うんですけど。

押井　日射病とかになったとき、帽子を被らせてなかったからだと言われたくないからだよね。モンスターペアレンツ対策でもあるんじゃない？　どこで文句を言われるか判らないから、細かいマニュアルを作って予防線を張っている。そういうのを、まともに受け取る必要はないです。

もし学校でいじめに遭ったりしたなら行かなきゃいい。勉強は家で教えればいい。本気で勉強したくなったら、本人がそう言うから。そのままだったら本人が苦労しそうだと思う必要もない。本人がそう感じたら、自分で行動を起こしますから。「しかるべき場所に連れて行ったほうがいい」なんてよく言うなと思いますよ。まだ2歳の子どもに！

――いま発達障害などは早期発見することで、対応できるとも言われているようですよ。早めに手を打てば、順応できるようになる。

押井　それは思想的に『1984』のビッグ・ブラザーと同じですよ。みんな同じ価値観を持て、日記をつけることすら禁止なんだから、恐ろしい。教師は単にそのほうがラクチンなので、そう言っているだけだと思いますね。

――おそらく、いまの子どもたちって、昔みたいにわんぱく小僧的な子、ジャイアンみたいな子どもは少ないんでしょうね。だから、この相談者の子どもが目立ってしまう。

押井　人間に〝普通〟はあるのか？　変態じゃない人間はいないわけで、ただその変態の発現の仕方が違うだけ。全員が変態なんだから、普通もない。あたかも普通があるかのように、子どものときから徹底的に教え込むから困ってしまうんです。だから、社会に出た途端、普通ということの意味が判らなくなる。会社では普通であることは要求されなくて、仕事しか要求されない。仕事ができるかできないか、基準はそれだけ。規律を守らなくても仕事さえできればいい。遅刻してもいいわけですよ。

わたしなんてタツノコ時代、遅刻ばかりでしたよ。わたしの同期は遅刻の常習犯だらけ。でも、一番仕事をしていたのはわたしたちだったから。遅刻では文句を言われたけど、だからと言って否定はできない。なぜなら仕事ができていたから。

このぼくちゃんはまだ2歳じゃない。その年齢の子どもって、落ち着きがなかったりするのが普通ですよ。昔はそういう呼び方がなかったから、あまり言われてなかっただけで、実はそんな人、たくさんいたはずです。わたしが知っている作家やアーティストの何人かはまさにそれだったと思います。

――昔は映画館で走り回ってる子、たくさんいましたよね。

押井　わたしは『となりのトトロ』(88)を劇場で観たけど、なかなかトトロが出てこないので、子どもたちは退屈して走り回ってた。それ、普通ですから。

――むしろ2歳でお行儀がいいほうが、気持ち悪くないですか?

押井　そういうお行儀のいい子どもは、幼いころから抑圧されている。本人も、親に怒られるよりそっちのほうがラクチンだからいい子にしている。犯罪に走る人間って、そっちのほうが多いんじゃない？　つまり、ずーっと子どものころから抑圧されているから、どこかに歪みが出てくる。ヘンな犯罪が多くなったのは、そうやって子どもが抑圧されているからかもしれない。学校側もおとなしいほうが面倒は見やすい。ほかの子どもと違うことをする子がいると面倒くさいんですよ。

それに比べると相談者の子どもは、親や保育園に強制されることより、自分のやりたいことをやりたいだけなんじゃないの？　おそらく、やりたいことがたくさんある。それは悪いことじゃない。

他人からしたら、愛娘であろうが何であろうがガキはガキ。社会がガキとして扱っていた時代はね。なぜガキと呼ばれるかというと、わけが判らないから。まだ幼くて人間になってないし、人格も備わってないから「ガキ」だったんですよ。高校生にもなって「ガキ」だったら、そのとき考えればいいんです。

――そうですね。手のかかる子どもほどかわいいという人もいるから。

押井　それは真実です。いまうちではネコを5匹飼っていて、そのなかに本当に手のかかるネコがいる。ロクちゃんというんですけどね。小脳に異常があったせいか育児放棄されてスポイトでミルクをあげて育てたんですよ。最初は100グラムしかなくて、先生も長くは生きられないだろうと言っていたけど、奇跡的に成猫になって6年も生きている。でも、すごく大変です。まともに歩けないし、トイレも覚えられない。歯もないからすり鉢でドロドロになるまですりおろして食べさせる。週に1回は癲癇発作を起こす。普通の成猫の5倍は手がかかるんですよ。だけど、一番かわいい。

電車に乗っているのに、身体は成人しているのに、突然大きな声を出したりする人がいるじゃないですか。オバさんがそういう大きな子どもを連れている場合が多く、ロクちゃんが来る前は「大変だろうなあ」と思っていた。でも、いまは「かわいいんだろうなあ」と思う。

――ずっと子どもだからですか？

押井　そうだと思うよ。動物はそもそも永遠の子どもだけど、ロクちゃんは永遠の赤ちゃんです。やることは本当に赤ちゃんネコですよ。1匹だけ赤ちゃんだから、ほかの4匹にはいじめられたり、転がされたりして「ぴ」って鳴いているけど、本当にかわいい(笑)。

――うちも目の悪い「めわりー」というネコがいて、母が本当にかわいがっていた。死んだときはオイオイ泣いて、あんなに泣いた母を見たのは初めてでした。

押井　わたしもロクちゃんが死んだらしばらくは立ち直れないだろうな。大江健三郎の息子も障害があったけれど、彼も何かに「息子は神様からの授かりもの」、「わたしの幸せだ」みたいなことを言っていて、その気持ちが痛いほど判りますよ。

注：『1984』：イギリスの作家ジョージ・オーウェルが1949年に発表したディストピア小説。全体主義国家に統治された1984年の未来を描いている。マイケル・ラドフォード監督が1984年に映画化した。

Q 働かない夫

（会社員・30代・女性）

夫についての悩みです。彼は若いころから小説家を目指しており、それなりの雑誌の新人賞で佳作をとるなど、文才もある人でした。私も彼の才能に夢を託し結婚しました。ですが結婚してから15年、一向に芽の出る気配がありません。というか、夫は小説をまったく書かなくなってしまいました。何か書いているようなフリはしていますが、アイデアがわいてこないなどと言い訳ばかりで、いつになっても小説は完成しません。知り合いのツテでライターのようなことをして得る稼ぎは、1年に50万にもなりません。諦めてライターに徹するか、小説を書くなら、働きつつやって欲しいです。私はひたすら働き、家計を支えています。もうすぐ40歳になり、子どもを産むにしてもタイムリミットを感じています。こんな夫、どうしたらいいでしょうか?

A「あなたの旦那は〝ルーザー〟です。その汚名を返上することはまずありません。それを知った上で結婚生活を続けるか、それとも別れるか、ふたつにひとつです」

押井　この相談者の夫は、典型的なだめんずです。まさに絵に描いたようなだめんず。こういう人間、山ほどいる。小説の世界はもちろん、漫画家の場合は、一度佳作に入ったことがあるとかね。映画監督だってそうですよ。諦め切れなくて、一度だけの栄光みたいなもんにすがっている。でも、その内実は、とっくに情熱はない。オレは諦めていないというポーズだけで一生暮らすわけですよ。

こういう種類の人間は、それこそ『ハスラー』（61）を観ればいい。ジョージ・C・スコットが「お前はルーザーだ」と真実を突きつけてくれる。勝負に負けた自分を憐れんで生きることが、どれだけ甘美な魅力に満ちているのか。だから人間はルーザーになるんだと説いてくれる。**ルーザーというのは、結果としてなるのではなく、自分で選んでなるもの。**自分の選択だということを、この映画は教えてくれるんです。

――ということは、この相談者の夫は、そういう自分を憐れみ、楽しんでいるというわけですね、負の美学というか、負け犬の美学に酔っているんだ！

押井　だからルーザーなの。そういう人間を指してルーザーと呼ぶんですよ。この手の人間はルーザーを悪いなんて思っていない。むしろかっこいいとか思っているくらい。自分を憐れんで生きるほうがラクに決まってるでしょ？

——そういう人はいるけど、私はイヤだなあ。

押井　『ハスラー』は、負けたほうが人間はラクになる。勝ち続けることが、どれだけ大変で辛いことなのか、それを描いた映画です。そして、「負けた」という結果を受け入れたときにルーザーになる。受け入れるか受け入れないかは自由意志の問題なんですよ。わたしは『ハスラー』を傑作だと思っているけど、その意味が判ったのはつい最近、60歳になってから。それくらいに深い映画なんです。

——私も『ハスラー』は大好きな映画の1本ですが、そういうふうには観てないかもしれない。

押井　そう思って観直すと、より面白くなると思うよ。

この相談者に話を戻すと、彼女の旦那は、芽の出ない自分を憐れんでいるから負け犬です。結果的に認められようが、認められないままであろうが、がんばっている限りは負け犬にはならないけど、この旦那はダメですね。

——じゃあ、この人はどうすればいいんです？

押井　そういうルーザーだと判った上で、残りの人生をその男と暮らすか、さっさと別れるかふたつにひとつ。誰でもない、あなたの選択の問題です。確かなのは、この手の男は変わりませんから。

ほら、映画界にも有名な監督がいるじゃない？　若いころにすごい映画を2本くらい撮り、そのあと35年とか40年とか、まったく映画を撮ってない監督。基本的に彼は麻雀したり酒飲んだりしているだけだって聞いたことがある。

――それを支えているのは奥さんですか？

押井　そうなんじゃない？　ホン（脚本）は書いたりしているみたいだけど、とんでもなく分厚いらしい。「これは無理だろう、切れないの？」とか聞くと「切れない」と言うとかね。つまり、やる気がない。もし映画を作りたいのなら、どんなことをしても撮ろうとする。脚本を半分の長さにしても撮影にこぎつけるよ。だからこの監督は、一応やってますよということを自分の保証にしたいだけで、やる気はとっくに消え失せている。ちゃんと才能があることは、その2、3本の映画が証明しているんだから、ヤル気さえあれば5年に1本くらいは撮れるはずです。

――『ベストセラー　編集者パーキンズに捧ぐ』（16）という映画があって、トマス・ウルフの『天使よ故郷を見よ』が生まれる話なんですよ。ウルフは信じられない厚さの原稿を書いて、すべての出版社に断られるんだけど、名物編集者パーキンズだけが彼の才能に気づき、ふたりで原稿を半分ぐらいに削ってやっと出版する。分厚い本を書く情熱と、それを半分に削って出版にこぎつける情熱、そのふたつが描かれていて面白かった。だから確かに、本当に作りたいなら情熱をもって削るはずです。

押井　そうなんです。95パーセント妥協しろと言われても、撮りたいんだったらそれものむ、映画を作りたい人は！

――そうですね。やっぱりその監督はルーザーですね。

押井　表現者の世界で言ったら、このパターンにはまるとまず出られない。表現に関わる人間は、言い訳の天才ですから。映画を撮るのも、小説を書くのも、一度経験していたら、その大変さは判っている。だから、もうやりたくないと思うのか、あるいは、それでもやりたいと思うのか。才能というのは、何もキラキラしたものだけを指すんじゃない。何度挫折しようが、繰り返し同じことができることも「才能」と呼ぶんです。

――以前、押井さんは、映画を諦めないのも才能のひとつとおっしゃってましたからね。

押井　そうです、立派な才能です。ところでさ、役者の絶対条件は何だと思う？

――恐れないこと？

押井　「自分を役者だと思うこと」です。仕事があろうがなかろうが、出番があろうがなかろうが、自分が役者として生きているかどうか、それも日常的に。役をもらったときにだけ役者になるというのはダメなんですよ。

――でも押井さん、監督は、監督をしているときだけ監督で、ほかのときは単なるプーだと言ってましたよ？

押井　監督はそうですよ。（ジャン＝リュック・）ゴダールが言っているように監督は職業ではなく、生き方ですから。でも、役者は演じるのが仕事。自分ひとりを演じられなくて誰を演じるんだと言いたい。役者である自分を演じ続けろ。役者はそういうもんだろうと、わたしは思っている。役者は監督と違い、いろんな次元があるわけじゃなく、演じるという次元しかない。そのレベルで生きるなら、自分を演じられずにどうするんだ、ということです。

――さて、話を戻して、この悩みにはもうひとつ問題があります。子どものこと。「子どもを産むタイムリミット」が来て、ますます焦っているようです。

押井　女性ならそうなんだろうね。わたしは、代理母はモラルの問題があるけど、人工授精はいいと思っている。一番なのは養子をもらうこと。もっと養子関係が増える世の中になるといい。ある親にとっては困った子でも、違う親にとってはいい子ということがあるから。お互いに選べるほうがいい。

――『シャザム！』(19)はまさに、そんな映画でしたね。家族は選べるというのがテーマになっている。

押井　そのほうがずっと、お互い幸せになれると思います。

注：『ハスラー』：若きハスラー、ファースト・エディと、大ベテラン、ミネソタ・ファッツの勝負から、アメリカ的な成功とは異なる価値観を描いた異色作。監督はロバート・ロッセン。ポール・ニューマン、ジャッキー・グリーソン、そしてジョージ・C・スコットの3人がすばらしい。
注：『ベストセラー　編集者パーキンズに捧ぐ』：名編集者として知られるマックス・パーキンズと、彼に見出された作家トマス・ウルフの友情を描く。そのふたりにコリン・ファースとジュード・ロウ。
注：『シャザム！』：15歳の孤児の少年が「シャザム！」と呪文を唱えると中年オヤジのスーパーヒーローに大変身。孤児の彼が里親に引き取られ、新しい〝家族〟を作る物語でもある。

Q

母との折り合いが悪い

（自営業・60代・女性）

自分はもう60歳、母ももう90歳なのに、以前から母親と折り合いが悪く困っています。育ててもらったことに感謝しなくてはならないとは思いつつ、いまも彼女に対して優しい気持ちになることができず、それについて後ろめたい気持ちはあります。でも、お互いの性格がかなり異なるのと、彼女が他人の発言に耳を傾けにくい性格のせいもあり、いまは別居しています。毎週1回の電話と、月2回の食事程度の接触をしてはいますが、話しているとついつい口論になりがちです。母親と不快な気分にならずに接するにはどうすればいいでしょうか（父親とも折り合いが悪かったですが、数年前に死去しています）。

この仲の悪さは、母親が末っ子で甘やかされて育ったため、わがままで気が強い性格になったことに関係していると思っています。そしてもうひとつは、子どものころから彼女が私よりも3歳年下の弟ばかりかわいがっていると感じていたせいです。後年、後者について指摘したところ、母親が「それは、あんたはかわいげのない子どもだったから」と答えたのには口アングリでした。とはいえ、これについては、その過去のいきさつからか現在は弟が母の面倒をよく看ているので、世の中うまくできてるものだなぁとも思っているのですが。

何かよい方法がありましたらご伝授いただければ幸いです。また「これを観ると、この件についての気持ちがスッキリする」という映画があれば、教えてくださいませ。

A 「人生に家族は重要じゃない。60歳にもなって、昔のことをネにもつのはダメです。家族の確執は『ゲーム・オブ・スローンズ』でも観て、楽しんだほうが正解です」

押井　これはもう、わたしの親子関係と似たようなものですよ。うちの母は2年前、92歳で亡くなったけど、折り合いが悪いなんてもんじゃなかった。でも、それがわが家の常識だったので、この手の悩みは、わたしには悩みになっていない。

この人は、母親にかわいがられたかったんでしょ？　わたしにはそういう発想すらなかったから。唯一あったと言えるのは、兄貴に対する「羨ましい」という感情くらい。

——お兄さんはかわいがられていたんですか？

押井　かわいがられていたかどうかは憶えてないけど、少なくともいろんなものを買ってもらっていた。わたしは常に、その兄貴のおさがりだったからね。それこそステレオから鉛筆削りに至るまで、ほとんど。兄貴は長男だったので、祖父母もまず兄貴に買っていた。そういうのをいつも横目で見ていたから、いいなーという感情はあったよね。

——そういうことで兄弟の間に確執が生まれたとか？

押井 だから、うちは基本的にそういう確執もないんですよ。何度も言ってますが、個人主義の家庭だったので。兄貴ばかり買ってもらっていて羨ましいとは思ったけど、それだけ。強いて言うなら子ども時代、兄貴に散々殴られたことくらいでさ。

——それって普通、大きな問題なのでは？

押井 どうなんだろう。そんなことがあったから、柔道を始められたわけだし。確執と呼べるほど大きな感情じゃない。中学に入ったら、兄貴も殴らなくなったしね。柔道の稽古をめちゃくちゃがんばって、結構強くなったんですよ。兄貴もそれを知って手を出さなくなったんだと思う。

ただ、兄貴には、長男として「押井家を継ぐ」という意識があったようでずっと家にいた。母がやっていた美容院を継ぐだけだけど、一応ちゃんと免許を取り、美容師をやっていましたから。

——お母様の面倒も看ていたの？

押井 それが全然。5年くらい前に突如、フィリピンに逃亡した。「オレ、もう帰らないから。おふくろのことはよろしく」って。だから葬式のときは末っ子のわたしが喪主で、姉ちゃんとふたりで全部やった。兄貴とはもう死ぬまで会わないんじゃないかと思っているけど、それは兄貴の人生だから。

わたしは兄貴のこと、理解不能でしたね。姉ちゃんのことは、子どものころは判らなかったけど、いまは少しは判るようになった。ふたりとも表現者なので、共有できる部分が大きい。

――お姉さん、舞踏をやってらっしゃいますが、始めたのは40歳過ぎたころからだと聞いてます。

押井　姉ちゃんは、全部何事も自分で作ってきた人なの。師匠もいなければ、レッスンや学校に通うことも一切ナシ。ほぼ100パーセント独学。いろんな仕事をやって、結論として舞踏になった。自分は舞踏をやるしかないと気づいたのは40歳過ぎてから。それから自分で訓練して、自分でメソッドを作った。全部自力です。

――40歳は普通、やめる年齢なのに始めたんですね。それはすごい。

押井　だから、えらく遠回りの人生なんだよ。でも本人は、最後に自分の本質に辿り着けばいいと言っていた。それまで20回くらい仕事を変えているけど、それが無駄だったとも思っていない。舞踏に到達するまでに必要だった回り道ですよ。

舞踏を始めて結婚したけど、それも舞踏のため。食わしてくれる人が必要で結婚した。旦那もとてもいい人で、それを判っている。家を建てたときも、ちゃん稽古場を作ってくれたからね。

――押井さんのお姉さん、驚くほどテーマと優先順位がはっきりしていますね。

押井　そうです。ただ、それを見つけるために40年ですから。

わたしが映画を選んだのは成り行きみたいなもの。22歳くらいのときに「映画に決めた!」ってね。

そうやって考えると兄貴は、自分の人生のテーマに出会わなかったんだと思う。そこには家を継ぐ長男と、好きなことができる末っ子の違いはあるだろうけど、最後の最後には脱出した。

――なぜフィリピン？

押井　東南アジアが大好きだったし、奥さんがフィリピン人だったからじゃないの？　教会で出会ったんです。兄貴、いつの間にかクリスチャンになっていたから。

――クリスチャンなんだ。

押井　そう、いつの間にかね。ちゃんと洗礼を受けたまともなクリスチャン。美容院は20年くらいやっていたけど、ある日突然、「ガードマンになる」と言って辞めましたよ。警備会社に入って会場警備をやっていた。なぜ警備員なのかはよく判らないけど、本人は「やっと自分に合う仕事を見つけた。会場警備、大好き」と言っていたね。

――「会場警備が大好き！」って、よく判りませんねえ。

押井　兄貴は一応、学習院の英文科を出ているんですよ。そのせいもあるのか、警備会社から幹部になって欲しいと言われたらしいんだけど、断った。理由は「現場で警備、やりたいんで」。

――警備が大好きな、学習院出のクリスチャンで元美容師ですか……。

押井　あとは中国拳法もやっていた。

――警備が大好きな、学習院出のクリスチャンであり中国拳法愛好家の元美容師……ますます判らない（笑）。

押井　だから、判んないヤツだって言ってるじゃない。でも、おそらく、やりたいことをやってみた人なんだと思うよ。

――やりたいことを全部やった結論がフィリピンだった……。

押井　それは判りません。向こうで自分の家族を作ろうとしたのかもしれないけど。

――押井家の三きょうだい、面白い人生ですね。

押井　だからわたしは、**親やきょうだいは人生の決定的な要因だとは思ってないの**。実際、これだけヘンな家庭に育ったけど、それがわたしの人生に陰を落としたとか、影響を及ぼしたとかは思わない。

――そうですか？　私は押井さんがそういう普通とは異なる家庭で育ったから、いまの押井さんがいると思いますよ。いわゆる普通の家庭だったら、違う押井さんになっていたと思う。

押井　だから、何度も言うけど「普通」って何？　ということなのよ。これはほかの悩みでも話しているけどさ。

――この人、おそらく独身だから、いまも実家に縛られているんじゃないですか？　結婚していたら自分の家族ができるので、母親やきょうだいを見る目も変わってくる。私も独身だから、その辺の気持ちは結構判りますよ。

押井　わたしは、そういう気持ちがないので判らない。そもそも、この人、もう60歳なんでしょ？にもかかわらず子どものころ、弟のほうがかわいがられていたことをネにもっているって、理解できる？　わたしにはできない。人生に家族が重要だと思って生きてこなかったので。

——言われてみれば押井さんって、家族の話をテーマにした作品はほぼ作ってないですよね。

押井　『御先祖様万々歳！』（89～90）だけ。

——あれは家族で鍋を囲みたいというコメディでした。

押井　それは確信犯的にやったの。1回だけ家族の話、それが『御先祖様』です。

でも、ほかの人は結構、作品に家族の話を入れたがるんだよね。伊藤（和典）くんもやりたがる人で、（『機動警察パトレイバー』の）遊馬に自殺した兄貴がいて、それがトラウマになってるとか、野明の親父を出したいとかね。全部、無視したけど。そういうのを入れちゃうと文芸の世界だから。エンタテインメントはそういうのがいらないのがいいところなんです。伊藤くんはばあちゃんっ子で濃密な家族関係があったみたいだから、そっちの方向に行ったのかもしれない。

——キャラクターにそういう要素が入ると、印象がかなり変わりそうですね。

押井　わたしは個人を説明するのに、血縁関係やトラウマを持ち出すのが大嫌いです。

——押井さんは、それが「重要じゃない」と考えているからですよ。だからこの人の悩みの答えは「人生に家族は重要じゃない」ですね。映画を教えて欲しいと言ってますが。

押井　『ゲーム・オブ・スローンズ』（11～19）を観ればいいんじゃない？　骨肉の争いもたくさん出てくるから。その手の物語は、ドラマとして楽しむには最高ですよ。とりわけこのシリーズはとてもよくできています。

注：『ゲーム・オブ・スローンズ』：全世界を熱狂させたダークファンタジー・シリーズの傑作。架空の国の王座を巡る戦いを描く。

Q 息子の行く末が心配

（会社員・50代・男性）

32歳になる息子のことです。結婚はしなくていいし、出世にも興味がなく、私生活を楽しみつつ、マイペースで生きていけたらいいと言っています。私は、そういう価値観に正直、驚いています。私自身は、現在の会社に入社してから上を目指して働き、私生活の充実などは二の次というところがありましたが、そのおかげで家ももち、子どもも大学に進学させることができました。

世間では、うちの息子に限らず、無理をせずに、それなりの幸せでいいという若者が増えていると聞きますが、そのような若者が増えれば、ただでさえ三流国家目前の日本がどんどん落ちこぼれていきそうで不安になってしまいます。うちの息子をはじめ、こういう若者をどうすればポジティブシンキングにできるんでしょうか？　いいアイデアがあれば教えてください。

A 「大丈夫です。次の世代ががんばってくれますから」

――最近は、そういうがんばらない若者が増えているというのは、確かによく耳にしますね。

押井 別にいいんじゃない？ 何の問題もないよ。結婚したくない、出世もしなくていい。そこそこ仕事して、自分の時間や趣味を充実させた人生を送りたい。どこに不都合があるの？

――そう言われればそうですけど……。

押井 もしかしたら、この相談者は孫の顔を見たいのかもしれないけど、それはじいさんのエゴです。息子がいらないと言っているんだから、そこはもうしょうがない。

――日本が三流国家になっちゃうと憂いていますよ。

押井 三流国家、別になったっていいよ。本当にヤバいと思ったら、ヤル気を出す連中が必ず出てくるから、そこまで気長に待てばいいんです。みんなヒッキーになってプーになり、ずーっとＹｏｕＴｕｂｅ観てプラモ作っていても大丈夫。「このままじゃ日本がヤバい。オレらががんばるしかない！」なんてヤツらが必ず出てくる……って、わたしの持論だけど(笑)。

――いままで日本が落ち目になったときって、もしかして戦後？

押井 そうです。で、そのあと団塊の世代が出てきて一気に盛り返した。わたしの持論とはいえ、かつての歴史がちゃんと物語っているんです。

――押井さん、確かにそうですよ！

押井　ヒッキーの時代が10年、20年続いたら、もちろん落ちぶれますよ。でも、ちゃんと団塊の世代、鈴木敏夫のようなヤツが出てきて復興してくれる。

――そういうサイクルになっているということですね。

押井　世代というのは、その上の世代を見て自己決定するものなんです。ずっと団塊の世代みたいな生き方が続く国なんてあったら怖いでしょ？　「ジャパン・アズ・ナンバーワン」が続いていたらどうなる？　そんなことしてたらナチみたいになっちゃうよ。

だから、よくできているんだって。振り子のように、前の世代の反動が必ず来る。ヒッキー世代の下は必ずがんばりますから、お父さん安心してください。

――少し前、ニューヨークの若い世代ががんばらなくなったというニュースを聞きましたね。なぜかというと、上司たちが私生活を削ってがむしゃらに働いている姿を見て、ああいう生き方はイヤだと思いがんばるのをやめたというような内容でした、押井さんのおっしゃっている通りですね。

押井　フランスの若い連中の間でも失業者が多いんだって。それは仕事がないんじゃなく、ただ仕事をしたくないだけ。何かで読んだんだけど、フランスは1年間働いて辞めたら、次の1年間は給付金が出るそうだよ。給料の7割だけど、それでも自分の時間を楽しめるほうが重要と考えている若者が多いらしい。

——その制度は働きたくなくなるなあ(笑)。

押井　24時間、自分のためだけに使えるのが嬉しいんじゃないの？

——判ります！

押井　でも、そこに問題がないことはない。というのも**仕事というのは金を稼ぐだけじゃない。スキルを身に付けるという重要なこともある。**スキルとは技能的なものもあれば、生きる上でのものもある。だから、ブラブラしてるばかりじゃそのスキルが身に付かないいんだよ。それは大きな問題だとは思うけど仕方ない。先進国の若者はそれでもいいいや、って感じになっちゃったから。

——で、押井さん、映画です。ゆっくり生きても大丈夫的な映画、私はジャック・タチの『ぼくの伯父さん』(58)、いいと思うんですけど。まったくがんばってないけど、幸せそうじゃないですか。

押井　麻紀さん、あの伯父さんは単なる変人です……ポン・ジュノの『パラサイト 半地下の家族』(19)がいいよ。社会に寄生して生きる。あれはひとつのお手本なんじゃないの？　最近の若者たちは、最後に生ポを受ければ勝利と思っている人が多いらしいから。ちなみに「ナマポ」というのはネットスラングで「生活保護」のことです。

——生活保護を受けられることが勝利ってすごいですね。

押井　税金をもらう側になるから勝利。社会に貢ぐんじゃなく社会に貢がせるという発想です。いい仕事をしても薄給なら、生活保護を受けたほうが給料より高いと考える。

——それはある意味筋が通っているかも。

押井　だからいいじゃない、『パラサイト』。ちゃんと策略もあって、ジワジワと家族まるごとパラサイトする。まあ、最後の血みどろな展開はどうかと思うので、それを除いてね。わたしは、金持ちに寄生してやったぞーって貧乏家族が喜んでいる映画で終わったほうがいいと思ったけどね。ポン・ジュノは血を見ないと収まらない、最後は陰惨にして終わりが好きなんだよ(笑)。

――押井さん、『ガープの世界』(82)は？　子どもは欲しいけど、普通にセックスするのは面倒なので瀕死の傷痍兵にまたがって子どもをゲット。その後、ベストセラー作家になり波乱に富んだ人生を送るお母さんが強烈でしたが。

押井　『ガープ』はわたしも大好きな映画のひとつなんですよ。先日も観たけど、やっぱり面白かった。あのお母さんがすごい人で、ガープより目立っていたよね。ガープがなぜ目立たないかというと、彼はずっと幼なじみの女の子を追いかけているから。母さんは傷痍兵にまたがるような女性だったこととは対照的。だから、やっぱりバランスが取れている。そうやって赤ちゃんを作るような女性ばかりになったら世の中がめちゃくちゃになっちゃうから、ガープのように純愛を貫く者も必要になる。うん、『ガープの世界』、バランスという意味ではいいと思うよ。

注：『パラサイト 半地下の家族』：半地下に暮らす4人家族は、丘の上にある豪邸一家に接近。使用人となってその家族に〝パラサイト〟しようとする。カンヌ映画祭ではパルム・ドール、アカデミー賞では作品賞、監督賞、国際長編映画賞等メインを総なめにした。監督ポン・ジュノ、出演ソン・ガンホ。

注：『ガープの世界』：ジョン・アービングの同名小説をジョージ・ロイ・ヒルが映画化。子どもを授かるために傷病兵にまたがった看護師。彼女は生まれた子どもにガープと名付ける。出演ロビン・ウィリアムズ、グレン・クローズ。

第三章　友人

Q 金にだらしない友人

（会社員・40代・男性）

知り合いに貸したお金についてご相談です。度々1000円〜3000円くらいのビミョーな額を貸してくれと言ってきます。ただ、一度も返してもらったことがありません。額も大したことないので、後から「あの時の1000円返してよ！」って言うのも金に細かいみたいで言いづらい……。一度ならまだしも、数回貸しているので、もやもやしています。貸したお金をどうやって取り返せばいいでしょうか？　そしてまた、貸してと言われたらどうやって断ればいいでしょうか？

A 「〝返して〟と言えば何の問題もない。〝貸して〟と言われたら、〝いまは金がない〟と言って断ればいい」

押井　わたしは、お金の貸し借りに関しては昔から一貫したポリシーをもって対処しています。貸したら返ってこない。もし返して欲しいなら貸さない。なおかつ、失いたくない知己、大事に付き合おうと思っている人間だったら、金は絶対に貸さない。

――大事に付き合おうとしている人が、お金を貸してくれと言います？

押井　あるある。たとえば（プロダクション・アイジーの社長の）石川。「ラーメン、食いに行こうぜ」とか言って、「悪いけど、金持ってないから出しといてくれる？」ですよ。こんなことしょっちゅう。上場企業の社長のくせに3000円も持ってなかったりする。

だからわたしは、「判った。今日はわたしがおごるから、今度はお前が寿司をおごれ」と言っている。でも、純然たる金の貸し借りは絶対にしない。

そういう人間というのは、この相談者にだけじゃなく、いろんな人から借金をしているはず。借りやすい順番で借りて、結果的に全員から借りる。もちろん、なかには断った人もいるはずです。ただ、ある意味で言うなら、ちゃんと借りられる人がいたわけだから、社会性はある。悪党でも犯罪者でもなく、ただ金銭にだらしない人間ということです。

――この相談者の欲しい答えは、「どうやったら返してもらえるでしょうか？」なんですが。

押井　「返してくれ」と言うだけでいいんじゃない？　そのひと言が言えないのは、自分がお金に細かいと思われるのがイヤなだけでしょ？　そんなこと考えずに「返して」と言えばいい。500円であろうが5000円であろうが、言えばいいんです。そんなことで悩むなら、なぜ貸したのかと言いたい。**悩むくらいなら、最初から貸さなきゃいいだけですよ。**

――ということは、今回の答えは……。

押井　「貸したあんたが悪い」です。「あのとき貸した1000円返してよ」と言えないのは、要するにお金に寛大な人間に見られたいだけです。そっちを取るなら、貸したお金は諦めろということです。あなたの優先順位が何か、ですよ。

――「また貸してくれと言われたら、どうやって断ればいいですか」というのもあります。

押井　いま持ち合わせがないとか、いくらでも言い訳はあるでしょ。でも、ある意味、お金の無心をするその人には人徳がありますよ。人徳がないと、そう何度も貸してもらえないから。

金銭に関しては、最初にちゃんとしてないと、あとあと尾を引くことになる。ギャラを決めるのも一緒。仕事を始める前に「ところでギャラの件ですが」と言って決めておいたほうが絶対にいい。

――私たちのライター業界も、最近はちゃんとギャラはいくらと明記してくれますが、ひと昔前は支払われてから判るということも多かった。なんか日本人って、お金のことになると途端に、もごもごしちゃう。本当は気になるのに、まるで気にしてないふりをしてしまう傾向、ありますよね。

押井　わたしは最初にギャラの交渉をして、ちゃんと決めるほうだけど、石川の場合は必ず値切ってくる。わたしらのギャラだけじゃなく、どんなことでも値切らなきゃ気がすまない。海外に一緒に行ったときも、行く先々で値切っていたからね。おそらく高級ブランドの店に行っても、「これとこれ、ふたつ買うからまけて」と平気で言うと思うよ。わたしは、脚本料や監督料を値切るプロデューサーなんて、いい作品を作りたいとは考えていないという判断を下すけど、こと石川の場合は趣味だと思ってますからね！

Q 女友だちのマウンティングがうざい

（会社員・30代・女性）

高校時代の友人のことで悩んでいます。会うたびに自分の出世自慢、高給自慢、海外旅行自慢、モテる自慢がすごいです。初めは「すごいねー」なんて話を聞いてたんですが、私の話には、なんの興味もないような態度にムカついています（地味な毎日なのは否めませんが……）。自慢話をしたくて会ってるの？　私のこと友だちだと思ってる？　昔のお前はどこに行った！！　ムカついています。

A

「対抗不能性を見つければいい。これはすべての人間関係に有効です。あるいは、わたしの著書『友だちはいらない。』を熟読し、友だちについて再考してみましょう」

押井　この話は最近、よく耳にします。わたしの身近にもグチをこぼしている女性がいるけど、結構消耗する問題らしいね。

――いますねー、この手の人。私も経験ありますよ。女性に多いんじゃないですか？　相談者も女性だし。

押井　マウンティングというのは基本、動物の行為ですよ。幸せ自慢なのかな？

――いや、「あんたより、あたしのほうがすごい」と言いたいんです。勝ち負けの問題とも言える。たとえば「夏休み、家族そろって東京ディズニーランドに行ったのよ」と言ったら、「あら、うちはカリフォルニアのディズニーランド。だってスター・ウォーズのギャラクシーズ・エッジがオープンしたから～」みたいな。幸せ自慢は「家族揃ってディズニーランドに行ったの」というところで終わっていて、そのあとが勝負の世界。しかも、言い出した人はそのつもりはなかったのに、いつのまにか土俵に上げられ、勝手に「負け！」を宣言されてしまう。イヤな気分になるのは無理ないですよ。

押井　それじゃイヌのマウンティングと同じ。だったらイヌと同じように逆襲すればいいじゃない。

――それは状況的に難しいと思いますよ。なぜなら、最初に「東京ディズニーランド」と言っちゃってるから、「いや、東京はまちがい。フロリダのディズニー・ワールドだった」とは言えませんよね。

押井　そうかー。わたしは「ディズニーランド？　関係ないけど、わたしプーチンと友だちなの」

くらい言っとけばいいと思ったけどさ(笑)。

――押井さん、まったく判ってませんね。それに、誰に対してもやるんじゃなくて、最初からかなわないような人にはやらない。相手を選んでいる場合が多いと思います。

押井　いやいや、でも聞けば聞くほどイヌのマウンティングと同じ。イヌも強い者には服従して、すぐに腹を見せるから。

でもさ、そういうことをやると嫌われるのは判ってるじゃない？　それでもやってしまうんだ？

――判っていないのか、それとも負けたくない性分で、ついそういう反応をしてしまうのか。

押井　相手がそんなこと言い出したら「はあ？　あんた何マウンティングしてんの？」ってズバリと言えばいいんじゃない？

――それが言えないから困ってるんですよ、きっと。

昔、あるおしゃれ系の編集部の人が、「うちの編集部のY子は最近、あたしと同じエルメスのバッグを買ったんだけど、香港なんだよね。彼女のショッピングはいつも香港。でも、あたしはだいたいパリの本店」と言っていたのは、あまりに面白かったのでよく覚えている。勝手にひとりでやってるわけだけど、もしかしたらそれがマウンティングとの最初の出会いだったのかもしれない。

押井　それはもうギャグだよ。少女マンガの世界。やっぱり本人に「このマウンティング女が！」と言うしかない。そうすれば絶対に黙る。男だったら一発殴ればそれですむんだけど。

――でも押井さん、この人の悩みはもうひとつあって、いつの間にか生じた「格差」にもあるんですよ。

押井　仕方ないじゃん。**人生に平等はない**んです。

まあ、そうはいっても、確かにそういうセレブ感を漂わせる友人も問題ではある。そういうオバさんが、セレブな生活をするために、資金源である男を殺したというようなニュースはよく聞くよね。ブランド品を買い漁り、海外旅行しまくり、高級料理を食べまくり、それをご丁寧にネットにアップしていた。要するに「わたしはセレブ。お金持ちなの」と言いたいわけだ。「このサイトを見ているあんたより、わたしはすごいの」ってね。

でもさー、いくらそんなことやっても、所詮は庶民なんですよ。貴族でも皇族でもない。それに気づけば「この人、浅はかだなー」で終わるよ。

――直接関係ない人は「浅はか」で笑えるんですけど、身近だとそうはいかないんでしょうね。

押井　セレブって、そんなにいいの？

――リドリー・スコットが「サー」の称号をもらったじゃないですか？　で、一応、聞いてみたわけですよ。「何か変わりましたか？　いいことありました？」って。リド様の答えは「うーん、この前行ったレストランで、いい席を取っておいてくれた。それくらいだ」と笑ってましたよ。ちなみにリド様、乗ってる車はトヨタ。意外と地味ですよね。

押井　サーはそういうことに無頓着なんですよ、きっと。

ちなみにわたしも、行きつけの立ち食いそば屋ではスペシャルなもてなしを受ける。カウンターのオバさんがくるくる入れ替わるけど、新しい人になっても、ちゃんとネギ抜きがくる。ああ、申し送りしてくれてるんだなと。常連の醍醐味です。これもマウンティング？

――いや、まったく。下山してますよ、押井さん。

押井　（笑）。男の場合は単刀直入だから、セレブになるより金持ちになりたいというか、金が欲しいになる。でも、女性はそうじゃなくて、セレブになりたいから金が欲しいんだな、きっと。この人の悩みはマウンティングだけど、セレブ志向もマウンティングも、どちらも虚栄の罪です。虚栄心を満たしても、いいことはひとつもない。とはいえ、聖書にも人間の虚栄心について書かれているくらいだから、虚栄心から逃げられないのが人間でもある。

そういうときに役立つのが「対抗不能性」です。わたしは、相対的に競い合うのは嫌いだし、そういう感情は持たないほうがいいと思っている。そのためには対抗不能性を手に入れればいい。

――「対抗不能性」って、なじみのない言葉ですが。

押井　一番大事なことです。仕事でもそうだけど、人間関係や家族関係においても重要になる。同じ土俵に立った時点でドロ試合になるのは判っているから、それを避けるためには対抗不能性を自分で確保すればいい。

たとえばライバル心。最近の若い監督にはあるようだけど、自分はほかの監督より上だとか下だとかを考えているタイプは、そもそも監督には向かないと思っている。そういうことを考えはじめたら消耗するし、精神衛生的に考えてもよろしくない。

そういうスパイラルに陥らないためにもっとも必要な要素が、対抗不能性。自分が作っている映画に対抗不能性があることが重要です。つまり、誰にも作れないだろうという唯一無二の映画を作ればいい。スタイルでもジャンルでもいいから作る。ジャンルを作っちゃうと、その人にはもう勝てない。パイオニアなんだから最強です。勝負するのなら、そういうところですべきであって、興行収入とかで競ってもしょうがない。

——確かにゾンビ映画を最初に作ったジョージ・A・ロメロはそのジャンルでは不動でした……。いや、押井さん、それは判りますが、この相談者の悩みは「女友だちのマウンティングがうざい」ですから。

押井 同じです。マウンティングするほうも、されるほうも同じ。誰にも理解されない趣味をもったヤツの勝ちなんですよ。その点、麻紀さんはその対抗不能性の領域にいるんじゃないの？

——いえ、いません。わたしだってマウンティングされてムカついたことありますから。ただ、そういう面倒くさい人はいつの間にかいなくなるというか、存在感が薄くなりますね。

押井 自滅するんです。自分自身のスタンダードや本当の価値観をもってないから。だからこそ相対的に優劣を決めたがる。マウンティングしないと、自分を証明できないんだから、そりゃあ大変ですよ。わたしが推奨している対抗不能性とは真逆の戦略、もっともダメなやり方です。

——対抗不能性を簡単に手に入れられる方法、あるんですか？

押井 ゲームでも映画でも、自分の好きなことを見つければいいんです。

——私は映画という領域を見つけているから大丈夫？

押井　そうです。それを極めれば怖いモノなしですよ。

——いやー、まったく極めてないけど(笑)。私の周りで、映画の知識でマウンティングする人は、あまりいないんじゃないのかなあ。私が気づいてないだけ？　違うことでマウンティングする人はいるけど、さっき言ったようにそういう人はいつの間にか消えてしまいますけどね。

押井　軍オタとかはかなりすごいよ。男子の場合はネットでやっているけど、女子はそれが実戦になるんだろうね。そういう状況でも、やはり最終兵器になるのは対抗不能性。相手の子が到底、対抗できない何か好きなものを見つければ、彼女はその土俵に上がることすらできないから。もう最強ですよ。

——それを見つけるのも、大変そうだけど。

押井　だったら、もう会わなきゃいいじゃない。誘われても「ちょっと用事が」とか言って断ればいい。会ったら不快になるのは判っているのに、なぜ会うのか、それが判らない。そうなったら、もう友だちじゃないんじゃないの？　だからわたしは、そのものズバリの著書を出してます。『友だちはいらない。』ですよ。これを熟読すれば、答えが見つかりますよ！

注：ジョージ・A・ロメロ：1940年アメリカ生まれ。映画監督。1968年に発表した『ナイト・オブ・ザ・リビングデッド』でゾンビ映画を確立させた。2017年没。

Q 妻を寝取られたらどうしよう

（会社員・20代・男性）

妻と同僚が付き合っているかもしれません。同僚は少し前に赴任してきた男で、こっちには知り合いもおらず、休日はアニメばかり観て過ごしているというようなことを言っていたので、「ウチの奥さんもアニメ好きだし、話が合うかもよ」と言って家に誘ったのが失敗でした。アニメファンのふたりはすっかり意気投合し、同僚は週に一度の高頻度で家に来るようになりました。話はアニメのことが中心なので、そこまで詳しくない僕は蚊帳の外です。僕に黙ってふたりで会ってるんじゃないか、ふたりが恋愛関係になったらどうしよう？　そう思い始めて夜も寝られません。

A 「優先順位のトップが〝奥さんといたい〟なら自分もアニメ・ファンになればいい。それがもっとも効果的です」

押井　この相談の回答は簡単。「あなたもアニメ・ファンになりましょう」ですね。「夜も眠れないくらい」心配なんでしょ？　だったらアニメ・ファンになることぐらい屁でもない。奥さんと一緒にアニメを観ればいい。猛勉強して、その同僚を圧倒すればいいんです。

――この相談からは判らないけど、夫婦には共通の趣味みたいなものはあるのかしら？

押井　最近はこういうカップル多いですよ。若くして結婚したものの趣味が一致しないというパターン。それを問題にしているのなら、なぜ結婚する前に確かめないんだ、と言いたい。彼も、いまのままの結婚生活を送りたいのなら、自己改造するしかありません。

わたしの知人に、お互いバツイチ同士で事実婚をしているカップルがいるんだけど、彼らのテーマは「どちらかが我慢することはないようにしよう」。で、知人の男のほうは怒りやすい性格を、奥さんに言われて改善したという。

――その人、いくつか知らないけど、ある程度の年齢になって、そんなに簡単に性格変えられます？　それは「変えた」ということにしているだけで、実は「我慢」してるんじゃないですか？

押井　（笑）そもそもわたしは、そういうふうに考えることが判らない。夫婦は、お互い我慢するもの。忍耐あるのみですよ。我慢せずに夫婦でいようという発想自体が、おかしくないか、と言いたい。

――我慢せずに結婚生活を送れるのが最高ですけど、そういうカップルがいたら、もう奇跡ですよ。だから、この相談者には「我慢して、アニメ・ファンになろう」というわけですね。

押井 この人の優先順位のトップが、「いまの奥さんと結婚生活を続けたい」だからそうなる。現にいま、我慢してるんでしょ？　同僚と奥さんが会うのはイヤなのに、そう言わずに耐えているんだったら、その我慢をアニメの勉強に回せばいい。奥さんと結婚生活を続けるための手段がアニメで、目的は生活の継続です。

――そうですね。同じ「我慢」ならアニメの勉強のほうが楽しいだろうし、もしかしたらアニメに目覚めるかもしれないですよ。

押井 わたしの仕事仲間にも夫婦そろって大酒飲みというのがいて、冷蔵庫には酒しか入ってない。これがひとりだけだったら問題だけど、ふたりともが酒好きなんだからノープロブレム。うちもサッカーやイヌネコという共通点がありますから。他人と暮らすということは、生活レベルで一緒になるんだよ。一致するなんてありえませんから。確かに最初は「一致しそうだ」と思って結婚したかもしれないけど、それが続くことはまずない。でも、趣味が同じ夫婦は、生活レベルが違っても、趣味で一致しているからまだいい。同じ方向を向いているというのは大きい。夫婦円満のひとつのコツです。**生活習慣には差があるから、合わないのは当たり前。**特定の関係を維持しようと思うのなら、同じ方向を向くという共通項以外、ありません。それがイヤだったら関係を清算するしかない。

——だったら押井さん、このアニメ初心者の相談者のために、最初に観るといいアニメを教えてあげてくださいよ。これを観るとアニメの面白さが判る、みたいな作品。

押井 それを聞かれても困りますねー。アニメ、観てないし。最近は特に観てないし……。

——『天使のたまご』とか『イノセンス』とか言わないでくださいよ(笑)。

押井 (笑)言いません！　何かな……。

——ジブリものでもいいし、『わんぱく王子の大蛇退治』(63)でもいいですよ。

押井 それ麻紀さんの趣味じゃない。

——1本というなら、私はコレです。古さをまったく感じないし、いまでも驚くほどモダン。

押井 わたしは、そうだな……。というか、昔、アニメは誰かと語り合うものじゃなかったんだよ。みんなこっそり観ていた。アニメのことを仲間としゃべるなんて小学生のやることだったから。いい年してアニメを観ていること自体が、密やかな趣味だったんですよ。アニメについて話し合うなんて最近のこと。どこで話してもOKになったのはね。

——だから、オススメを教えてあげてくださいよ。

押井 う——ん、『(科学忍者隊)ガッチャマン』(72〜74)。

——それはちょっと意外かも……。

押井　わたし、『ガッチャマン』を観てなかったら、たぶんアニメスタジオに入ってなかったですから。

なぜ『ガッチャマン』を観ていたかと言うと、映画として観れたから。「アニメでも、これだけリアルなら映画と変わらない。だったらオレもできるかも」と思ってタツノコの門を叩いた。

——それは押井さんの師匠、鳥海（永行）さんの監督作ですよね。

押井　門を叩いたときは知らなかったけどね。「オレにもできる」というのは大きな間違いだったことは、入ってから判りました(笑)。『ガッチャマン』を選んだのは、アニメであることを意識せずに観られるから、初心者には入りやすいんじゃないかな。映画っぽいと思う。

——劇場アニメだとどうです？

押井　う——ん『エースをねらえ！』（79）。

——出﨑（統）さんのですね。

押井　劇場でアニメを観て、映画を観た気分になった初めての作品が『エースをねらえ！』。なぜそう観えるのかを知りたくて、繰り返し観ましたよ。アニメで映画を観た気分になるのは、そう簡単なことじゃない。だから、その秘密を盗みたくて繰り返し観た。『うる星やつら　オンリー・ユー』（83）がなぜ映画として観られなかったのか、その理由を探るためにね。

でも、現実的に考えて、この相談者にもっとも有効な作品は「奥さんが好きなアニメ」なんじゃないの？　とりあえず、奥さんの会話によく出てくるアニメを観ればいい。

——確かに、それが一番の近道ですね。この奥さんがどんなアニメのファンか書いていないのでその辺はよく判らない。声優ファンということもありえるかも。

押井　いまのアニメーションは基本的に一種類だから大丈夫です。

——一種類って、どういう意味ですか？

押井　全部同じ。同じ観方しかできないように作っている。バリエーションがない。キャラクターやストーリーが違っても、作り方が全部同じですから。ゲームで言うと、全部エンジンが同じ。システムは変わらず、同じOSで動いているということです。

——ああ、だから、作るほうは、差別化するために声優さんの選択に凝ってみたりするんですね？

押井　そうです。たとえば麻紀さんの大好きな『わんぱく王子』。この奥さんが観ても、どう語ればいいか判らないと思うよ。なぜなら、おそらく彼女はいまのアニメーションの観方をしているから。

——違うんですか？

押井　違います。いまのアニオタと呼ばれる人たちは、ストーリーを追ったり演出を追ったりはしない。なぜそうなったかと言うと、特徴的な演出をする監督がいなくなったからです。

わたしたちの時代には、さっきの出﨑さんや、宮（宮崎駿）さん、高畑（勲）さんというような監督がいて、それぞれに演出スタイルがあったし、それぞれに大きな違いもあった。でも、いまはそういう監督にはまずお目にかかれない。庵野（秀明）は特徴的かもしれないけどコピーばかりだし、彼以降の監督もほぼコピーの天才。庵野が特徴的なのは、元ネタが特撮にあるから。細田（守）くんの場合は宮さんとか、ああいうまったり系のアニメのコピーですよ。

——そうですね。『（新世紀）エヴァンゲリオン』（95～96）の演出はかっこよかったですからね。

押井 彼の演出は基本、特撮のコピーです。麻紀さんが「かっこいい」と感じたのは、麻紀さんがSFものだったりするから、特撮を知らなくてもピンと来るんだよ。でもさ、『エヴァ』のファンの多くは、あのストーリーが好きだった。

——私はダメでしたね。どんどん歪になっていって、気持ち悪かった。庵野監督の私小説を読まされている感じ？

押井 だって、それ以外やれないんだから。コピーだけでは長いシリーズを支えられないから、それに代わる何かを持ってこなきゃいけなくなる。それが自分の話だったんですよ。庵野は語り部じゃないから、自分を曝け出すしかない。麻紀さんが気持ち悪かったのは、庵野が結局、パンツを下ろしちゃったから。だから、見たくもないものを見ちゃった。これは、シンちゃん（樋口真嗣）の〝パンツ理論〟だけどね。

——ますます気持ち悪い。ちなみに、樋口さんのパンツ理論で言うと、押井さんの下ろし方は？

押井 わたしは「下ろさない」。「下ろしたらニセモノがくっついてた」（笑）。宮さんは「パンツを下ろすふりをして、常に下ろさない」。庵野は「下ろしたら、ヘンなモノがくっついていた」。

——樋口さん当人はどうなんです？

押井　それは言ってないけど、たぶん「後ろを向いて下ろす」。そういう勇気はシンちゃんにはないから(笑)。

注：『わんぱく王子の大蛇退治』：日本神話をもとにした東映の長編ファンタジーアニメーション。わんぱく王子ことスサノオの冒険を描く。大蛇（おろち）とはヤマタノオロチのこと。監督は芹川有吾。
注：出﨑統（でざき・おさむ）：1943年生まれ。TVシリーズの代表作に『あしたのジョー』（70〜71）、『ガンバの冒険』（75）。映画の代表作に『あしたのジョー2』（81）、『SPACE ADVENTURE コブラ』（82）、『ブラック・ジャック』（96）など。『エースをねらえ！』は、山本鈴美香による同名漫画のTVアニメシリーズの劇場版。2011年没。
注：樋口真嗣（ひぐち・しんじ）：1965年生まれ。監督の代表作に『ローレライ』（05）、『進撃の巨人 ATTACK ON TITAN』（15）、『シン・ゴジラ』（16）など。

Q 友人から捨てられてしまう私

（フリーランス・50代・女性）

子どものころから50歳になる現在まで、親しくしていた友人から突然縁を切られるということが幾度となくあり、悩まされています。はっきりとした理由を告げられるわけでも、原因に心当たりがあるわけでもないため、もやもやした気持ちを引きずってしまい、親友にさえ心を開くことができずにとても辛い思いをしています。これ以上友人に捨てられずにすむには、どのようなことを心がければよいか、アドバイスをください。

A「オープン・ユア・マインド。まずは自分の心をオープンにしましょう。常に心を隠しているから、友人が離れて行くのかもしれません」

押井　友だちを欲するから面倒なんです。友だちがいなくても何の問題もない。わたしの著書『友だちはいらない。』を読んでみましょう。これが最善の答えですね。

——押井さん、それはザックリ過ぎ。この人は友だちが欲しいんだから仕方ないじゃないですか。

押井　この人は、付き合っても付き合っても捨てられてしまうわけでしょ？　だったら本人に問題があるんですよ。自覚症状がないだけで、おそらく何かがある。

——悩んでいるくらいだから、その部分については自己分析してみたんでしょうね。それでも判らなかったのかしら。

押井　自己分析が足らないんじゃないの？　自分の心を開かない人間だから、友人も開かず離れて行くのかもしれない。やはり本人に問題があるんです。

――開かないのは、心にウジャウジャ醜いものがあるから？

押井　それ、反対だよ。心を開かないから汚いものがウジャウジャ溜まっている。心を開いていたら溜まるどころか、常に流れ出てます。

言いたいことを言わないと、澱のように溜まってドロドロになってしまう。周囲はそれが判るから、離れて行くのかもしれない。あるいは、何か相手を怒らせることをやっても気づかず、だから謝らないとか。そういうことが続けば人は離れていくものです。仲のよかった人が離れる場合は、そのパターンが多い。この相談者はずっとそれを繰り返している可能性もある。まずは自分がオープンになることが大切です。

――それがこの人にとってはとても難しいんでしょうね。

押井　でも、ずーっと悩んできたわけでしょ？　だったらやってみればいい。悩むよりはいいはずだから。そうすればちゃんとした付き合いが生まれるかもしれないし、それがいい縁に繋がるかもしれない。

わたしも、ご縁は大切にするほうなんですが、それについてヤイヤイ言う人が周囲にいる。何であんなヤツと付き合っているのか？　利用されてるだけじゃないの？　とかね。

――も、もしかして、私のことですか!?　いつも「押井さん、本出しましょうよー」と言っちゃうから？

押井　麻紀さんはいいんですよ。わたしの前でそれを言うから(笑)。わたしでよければ付き合いますよという感じです。

（助監督の）金子（功）もね、もう20年の付き合いになるけど、まったく変わらない。散々説教したけど全然。「〝はいはい〟と二度言うのはダメでしょ、それは聞いてないことと同じだから」と何度言っても「はいはい」だからね。それでも付き合っているのは、アイツを捨てると寝覚めが悪そうだから。うしろをついてくる子イヌみたいなヤツだから仕方ない(笑)。

そういう感じでわたしは縁を大切にする。仕事の上での裏切り行為がない限り付き合っているけど、わたしのほうは突然、切られたりすることがある。何でやねんと言いたいけどさ(笑)。

――懲りずに付き合ってくださって、ありがたいです。

押井　麻紀さんは自分から言うからいいけど、自分から言わないヤツはダメ。私は嫌いです。（プロダクション・）アイジーの女の子たちが言っていたけど、恋愛において、同僚の男の子たちはずるい。自分で告白せずに待っているだけだってね。要するに、告白してフラれて傷つきたくないんですよ。そのくせ、相手が言ってくれるのを待っている態度はミエミエで、本当にかっこ悪い。そんなんだったら「僕と付き合ってください」「ごめんなさい」でいいじゃない。簡単に終わるから。そういうヤツほど、気がついたら40歳、50歳になっていたというパターン。プライドの高さも問題ですよ。

――じゃあ、この相談者は友だちが欲しいわりには努力をしてないと？

押井　そうです。欲しいなら努力するんですよ。長続きさせたいのなら、ますます努力する。それをしなくて「友だちが離れる」のは当然じゃないの？

もし、この相談者がプライドが高くて、それが友だち作りにも影響しているなら、わたしの知人の言葉をお伝えしますよ。

「もし彼女が欲しいなら、捨て身でアタックすれば10人にひとりはOKを出してくれる」

本人は「簡単ですよ。自尊心を捨てればいいだけから」って。この人、道場に来ていた役者です。仕事がなくなったので、北京語をマスターして中国に行き、そこで売れっ子になり、北京の高層マンションを買ったと言っていた。これも努力の賜物です。

――友情にも努力ですね。

押井　ところで、この相談を読むと「親友にさえ心を開けない」ってあるじゃない？　心を開けるのが親友だよね？　ということは、彼女は「親友」と言っているけど、本当はどうなんだろう？

――うーん、そもそも人間関係の温度差がよくわからなくて問題が起きる人なのかもしれませんね。

押井　それもあるのかもしれない。アドバイスはやっぱり「オープン・ユア・マインド」です。

Q 誘うのはいつも私ばかり

（会社員・20代・女性）

学生時代からの友だちがいるのですが、誘うのはいつも私からなのが気になっています。映画に行くのも、美味しいレストランができたから行こうというのも、旅行の段取りを決めるのも全部私で、彼女から誘ってもらったことは一度もありません。私が誘わなくなると、ふたりの関係もなくなるのかもと思い不安です。彼女からの発信がないのはどうしてなんでしょうか？

A

「あなたの問題は、感情まで平等であるべきと思っているところ。対等な人間関係はありません。しかし、選択権は誰にでもある。不満が続くなら、それを行使するのもいいでしょう」

押井　これは同性の友だちのことを言っているの？　これがなぜ問題になるのかなあ。

――だから、相手の友人との温度差を感じているわけですよ。私はとても大切な友人と思っているのに、向こうは私を、その他大勢の友人のひとりくらいにしか思ってないのかなって。

押井　それでもいいじゃん。相談者はその友人が好きで会いたいんでしょ？　声をかけて断られるなら悲しくなるのも判るけど、その友人は誘いに乗ってくれるんでしょ？　だったらいいのでは？

――いや、だから押井さん、「それでもいいじゃん」というところが問題なんですよ。

押井　だったら本人に聞いてみればいいよ。「何でいつもわたしばかり？」って。その答えを聞いたら、違う局面が見えてくるかもしれない。

でも、この人には根本的な問題があります。人間関係に平等を主張している。政治的、経済的な立場だったら平等を主張していい。しかし、感情のレベルで平等を主張するのは大きな間違い。対等な人間関係はありません。それは知っておくべきです。

——まあ、恋愛関係でも、お互いが同じ温度というのは珍しいかもしれない。

押井　でも、平等権はなくても選択権はもっている。選ぶ権利さえない場合は、本当の不平等です。

——そういう状況がイヤだったら、関係を絶つことを選ぶ権利は、あなたにあるということですね。

押井　**恋人だろうが、友人だろうが、仕事関係者であろうが、平等であるはずがない。**だけど、最終的な選択権は絶えず自分にある。職場の人間関係が不平等だと憤るなら、辞めるという選択肢もある。あるいは我慢するとか。平等を主張できるのは政治的な権利だけ。それが近代というものです。

——「彼女からの発信がないのはどうしてなんでしょう？」とありますよ。

押井　絶えず会ってないと不安という人もいれば、月に一度でＯＫという人もいる。相談者の友人は後者のタイプなのかもしれない。会いたいと思う人間のほうから誘うのは当たり前。相手にそれを強要するのはダメです。この相手は、声をかければ付き合ってくれるんだから、好意は持っているんですよ。それでいいじゃない？　嫌いな相手なら旅行なんて一緒に行かないって。

――それは判った上で、たまには「今度、どっか行こうよ」とか言われたいわけですよ。

押井　人生は上手くいかないものです。

――何それ？　あまりにざっくりじゃないですか。

押井　ざっくりどころか真理ですよ。**不条理を感じない人生なんてあるわけがない。**聡明で美人な女性がだめんずに引っ掛かるという不条理は、世間にゴマンとあるでしょ！

――だったら、思い切って連絡をやめてみるのも手ですよね？

押井　この人、それをやったことがないんでしょ？　だったらやってみれば？　それで相手のスパンが判るかもしれない。相談者は1週間に一度会いたいけど、相手は1カ月に一度だった、とかね。

――もし連絡がなかったら、相談者がもつ「選択権」を行使すればいいわけですよね。

押井　そうです。やってみる価値はある。

わたしはひとりが好きだから、自分から誘うことはまずないけど、人と飲みに行くのは嫌いなわけじゃない。だから、誘われれば行きますが、回数は相手によって違う。アノ人なら年に一度、コノ人なら1カ月に一度でもいいってね。個人差があって当然。平等であるはずがない。

親といえども、それぞれの子どもに対して温度差はあって当然だし、わたしも5匹のネコに対して温度差がそれぞれある。触らせてもくれないネコに対しては、距離を感じるのも仕方ない。

それにしても、なぜこういうことで悩むのかな。平等じゃないんだと判っていれば悩まないんじゃないの？　**世の中は平等なんだと思い込んでいるからこういう不満が生まれる。**いまの世の中、そういうふうな観念が常識になっているところもあるからだろうけど、平等という考えは政治でしか通用しないということを判っていたほうがいいです。

Q 嘘が上手になりたい

（会社員・30代・男性）

嘘が苦手です。先日、嘘をついて友だちとの約束をドタキャンしたのですが、速攻ばれてしまいました。すぐに顔に出るみたいです。どうすれば嘘が上手になるでしょうか？ テクニックがあれば教えてください！

A 「嘘をつけない領域を決めよう！」

押井 嘘にテクニックが必要と考えている時点で、嘘つきにはなれない。**嘘は技術ではなく、生き**

方なんです。

——押井さん、それはまた極端な(笑)。

押井　いやホント。さんざん嘘をついてきたわたしが言うのだから間違いない。ただ、秘訣がないわけではない。それを伝授すると、「嘘をつけない領域を決める」になる。

——「領域」というと、シチュエーションだったり相手だったり？

押井　そうです。どんな人間であっても、嘘をつけない場所やシチュエーションや相手が必ずいる。わたしの場合はそれが「奥さん」になるんだけどさ。

——嘘をついてもすぐにバレるから？

押井　もうアッと言う間にバレてしまう。だからわたしは、それ以外の嘘はOKということにしている。前にも言ったけど、そもそもわたしは、嘘をついているとき、嘘をついているという自覚すらない。だから「あなたは嘘つきだけど、嘘をついているという自覚がないところがいい」とよく言われるんですよ。

この人も、嘘はOKの領域と、嘘はダメな領域を決めればいい。これは意外と簡単で、わたしがいつも言っているように、親を騙すのは全然OK。親はたとえ騙しても大体、許してくれるから。とはいえ限度もあるので、それがどのラインになるかは自分で見定めればいい。というのも、人間というのは面白いもので、誰であってもバランスを取るんだよ。嘘をつきまくる人間であっても、どこかに真実を求めるし、その逆もある。すべてが嘘も耐えられないし、すべてが真実もイヤ。それが領域を決めやすくする。
もちろん、犯罪系はダメだよ。詐欺とか、他人を傷つけたりとかはダメ。わたしは家族と犯罪はダメな領域で、あとは基本、OK。政治的にも経済的にも宗教的にも、自分がやりたいことをやるためなら嘘をついてもいいと考えている。そうやって決めておけば、それがおのずと自分の「生き方」になるんだよ。

――結婚詐欺ってどうなんです？ コロナ禍でロマンス詐欺にひっかかる女性がたくさんいたというニュースを聞きましたけど。

押井 ロマンス詐欺も結婚詐欺のひとつだよね？ そういうのは詐欺と判明してもさほど恨まれないらしいよ。騙し取られた金額にもよるんだろうけど、相手のほうはその間だけは甘い夢を見せてもらったという気持ちになるらしい。彼らはとことん女性に尽くすらしいし。映画でも、そういう詐欺師ものあったんじゃない？

――レオナルド・ディカプリオがパンナムのパイロットを偽る『キャッチ・ミー・イフ・ユー・キャン』(02)とか、日本映画だと『クヒオ大佐』(09)とかですか？

押井 そうそれ。要するに、彼らの嘘はみんなを幸せにした瞬間があるわけでしょ？ 周りを幸せにするために嘘をつくならいくらでもついていいよ。そんな映画も、あるんじゃない？

――『ライフ・イズ・ビューティフル』(97)はどうです？ ナチの収容所に入れられた父親が幼い息子に、これはゲームですよみたいな芝居をして、最悪の現実に気づかせないようにするというストーリーでした。

押井　それは何を意味しているかというと、**人間には嘘が必要なんだということだよ。**追い詰められれば追い詰められるほどフィクションが必要になる。嘘というから問題になるわけで、フィクションという言葉を使えばいい。幻想でも夢でもいい。

つまり、現実だけで生きていけないのが人間だということです。

——ロマンス詐欺にひっかかるのは、まさにそれですね。幻想を提示してくれたわけだから。

押井　現実には起こりえない非日常のもの、自分の人生に起こるはずのないことを、みんな望んでいるからだよ。「嘘をつく」という言葉に抵抗があるなら「虚構をふりまく」でもいいわけ。

「世界の子どもたちに夢を」なんてキャッチフレーズをよく見るけど、その「夢」は「嘘」ってことだからね。少なくともわたしの解釈はそうです。

——押井さん、身も蓋もない……。

押井　いや、そうなんだって。「世界の子どもたちに夢を」というのは昔、タツノコの玄関に書かれていたフレーズだから。それを毎日目にしていたわたしの解釈は「そうか、世界の子どもたちに嘘をつくのがオレの仕事なんだ」って。アニメは嘘だらけだし、映画だって嘘だらけ。芸術も文学も文化全体、ほぼ嘘だから。

師匠（鳥海永行）に言われたからね。「お前の仕事は若い連中に夢のキャラクターを与えることだ」。そして「お前の言いたいことは、家に帰って日記に書いておけ」って。ただ、しばらく経っ

て「ひとつだけなら、お前の哲学を入れてもいい」とも言われたけど。
確かにアニメーションの最大の使命は、すてきなキャラクターをみんなに届けること。こんなイケメンがいるといいなとか、こんな美少女がいいとか、そういうニーズに応えるのが仕事なんですよ。
――それは100パーセント正しいんでしょうね。
押井　そうです。宮さん（宮崎駿）もトシちゃん（鈴木敏夫）もみんな嘘つきです。トシちゃんなんて信念をもって嘘をついている。自分の目的が正しければ、あらゆる手段は正当化されると思っている。それはもう信念なんです。

宗教だって同じ。宣教師なんて信念をもって布教しているからね。すべての宗教が全部嘘にもかかわらず！　極楽浄土とか天国と地獄とか、誰もその存在を証明できてないのに、みんな信じてるでしょ。でも、宗教がなかったら人間は生きていられなかったんだから！

――そういうのが判る映画ってありますか？

押井　映画じゃないけどＴＶシリーズの『ライ・トゥ・ミー　嘘は真実を語る』（09〜11）。主人公の心理学者が嘘を見抜く天才なんだけど、実は彼自身が最強の嘘つきである。そこが面白い。そんな彼にも嘘をつけない相手がいる。誰かと言うと自分の娘なんですよ。彼も、自分が嘘をつけない領域をちゃんと持っているんです。

あとはわたしの『御先祖様万々歳！』だよ。どこまでが本当でどこまでが嘘なのか、まるで判らない不条理なコメディ。これを観てください！

注：『ライフ・イズ・ビューティフル』：ナチの強制収容所に送られたユダヤ系イタリア人家族。母と引き離され悲しむ幼い息子のため父は、ここでの生活はゲームだと嘘をついて現実に気づかせないようにする。監督、共同脚本、主演はロベルト・ベニーニ。アカデミー賞では作品賞ほか7部門にノミネートされ、主演男優賞、外国語映画賞（現在の国際長編映画賞）等3部門で受賞した。

注：『ライ・トゥ・ミー　嘘は真実を語る』：一瞬の表情と仕草の変化からその人の嘘を見破る精神行動分析学者。そんな能力を活かして犯罪捜査に協力する。主人公の博士にティム・ロス。

第四章

習癖

Q 部屋が片付けられません

（自営業・50代・男性）

モノが多すぎて部屋が片付けられません。本や、おもちゃ、ゲーム、DVD、Blu-rayなどが大量にあり、片付けるのが苦手な性格もあって、モノがあふれかえっています。友人には、売ればお金になるんだから、売ればいいのにと言われますが、売ることすら面倒で……。こんなものぐさな私はどうすればいいんでしょうか？　押井さんの部屋は片付いていますか？　また、昨今断捨離とか、終活とかいうことも聞きますが、押井さんは興味ありますか？

A 「モノを捨てると自由になれる。残しておくのは著作だけでいい。あとは何の価値もありません」

押井　これは買い物とかにも言えることなんだけど、まずはパソコンを捨ててみる。捨てなくても、パソコンから離れた生活を試してみましょう、ですよ。期間限定でもいいから、試してみる。パソコンがなければ買い物をしないから荷物も増えない。

わたしもアタミに帰ったときはパソコンのない生活。スマホすら見ない。ただスマホはトイレに置いているので、そのときはチェックするけど、本当にそれだけ。

――この相談は、私にもよーく判ります。うちもモノだらけ(笑)。捨てられない性分なんですよ。

押井　以前住んでいたアタミの家、いまは店子に貸しているんですよ。住んでもらえば家が傷まないからという理由なので、家賃は格安の月5000円。いまは養蜂業の人が住んでいるけど、その前は、古い付き合いのアニメ関係者だった。足が悪く病気も抱えてのひとり暮らしで、そこで亡くなったんです。わたしたちが部屋の片付けもすべてやったんだけど、その物量が本当にすごかった。食料から衣料品にいたるまで、まさに山のごとく。女性のひとり暮らしではありえないような物量。部屋がモノで埋め尽くされている。掃除機だけで3台ありましたからね。

――買ったのを忘れて、また買っちゃったんでしょうか。

押井　それは判らない。足が悪くて動けない人だったから、何かを買うことである種の欲求を満たしていたというのは、たぶんにあったと思う。で、わたしが言いたいのは、そこで目にした光景です。住む人間がいなくなった状態で、モノで埋め尽くされたそんな光景を見ると、何とも言えない気持ちになった。わたしも考え込んでしまって……。モノを買うというのは何なんだろうと、すごく疑問に思ってしまった。何というか……**モノには魔がついている**というか、人間の原風景になってしまうというか……これはちゃんと考察したほうがいいと思いましたね。

――だから押井さんは溜め込まないんですね。

押井　昔から溜め込まないほうだったけど、いまはもっと溜め込まない。まとめていろいろ捨てたときは、**モノが消えた分だけ自分の空間が増える感じ。**解放感があったことは確かです。自由になったように思ったから。たとえば本も処分すると、本棚に隙間ができるじゃない？　そこにイヌの置物を置いたりすると、生活の風景が変わってくる。

――本も処分したんですか？

押井　5年、10年、手に取らなかった本はいらないでしょ？　本当に読み返す本はもちろん、捨てませんよ。小林秀雄なんかは、将来読み返す予感がしていたから残しているけど、本自体、茶色く変色している。これなら買い直したほうがいいだろうというくらいで、読みづらくもある。でも、そういう本を手に取ると、買ったときのことを思い出して、まるでその時代を読んでいるような感覚になる。本の良さってまさにそれだと思う。本は時代をそのまま残せる貴重なモノなんですよ。パソコンや電化製品のように型落ちもなければ、最新版もない。パソコンなんて骨董にすらならないじゃない。電気製品や洋服などは、骨董的価値は永遠につかないんじゃないの？

――通販とかで買うような洋服はそうでしょうね。

押井　有名なブランドものでも、50年、60年経つと二束三文だって。

自分がずっと抱えるなら、やっぱり人が書いた創作物がいいですよ。評論や小説とか、そういう著作。それぞれの人に、死ぬまで抱えていたいというモノがあると思うよ。それ以外は無価値。

アタミの家の件があって、何を残すか考えるようになり、自分なりの基準を設けたら、本当にラクチンになった。モノを集めることもやめたから、本当に自由になった。

この相談者にはわたしの基準をオススメします。著作はとっておく価値がある。豪華な百科事典よりも、自分の好きだった漫画本のほうが絶対に値打ちがあるということです。

Q すぐポチっと買い物してしまう

（会社員・30代・女性）

仕事が不規則なため、ほとんどがネットショッピングです。「残り1点」とか書いてあると、そこまで必要でなくても焦って買ってしまい、後日クレジットカードの明細を見て、ぎょっとすることも度々です。早朝からゴミ出しするのも面倒で、気付けば部屋には捨てそびれた段ボールの山が……。これって、もう買い物依存症なのでしょうか？　どうしたらやめられるのでしょうか？

A 「行くところまで行ってみよう。自分の身幅を超えたとき、やっとあなたも判るでしょう」

押井　ネット通販の恐ろしいところは、ポチっとすればすぐに買えてしまうところ。通販会社の最大のワザはそこにある。要するに、モノを買うときのハードルを可能な限り下げている。だから、ついつい買ってしまい、気がつけばチリツモ状態というのは、本当によく聞く話です。

多くの人は、買ったモノが送られてきたときに初めて気づく。この巨大な容積の段ボール箱は何？ってね。ポチっとは簡単だけど、あとはそれよりも大変。この後始末をするくらいなら、お店に行って買ったほうがよっぽどマシだというわけですよ。

――通販の段ボール箱は、小さなものを買っても巨大な段ボール箱に入っていて驚きますよね。あれ、どうしてなんです？　エコじゃないように思うんですが。

押井　いや、そのほうが経済的なの。段ボール箱のサイズを限定することで効率化している。小さなモノには、山のように緩衝材を入れてるから、家のなかはますます散らかるわけですよ。

わたしも大きな段ボール箱が溜まるのがイヤで、扇風機を箱ナシで持って帰ったことがある。しかもかなりの距離を歩いて。これは本当に大変だった。途中で扇風機を捨てようとまで思ったから。まあ、だから、そういう段ボールとかは、こまめに捨てるしかないよね。

——回答はそうなります？

押井　購買意欲というのは恐ろしいんです。**教訓から学ばないところに購買意欲の恐ろしさがあり、後悔から学ばないところにも購買意欲の恐ろしさがある。**買い物がやめられないのなら、破産するまでやるしかないいんじゃないの？　人間は、自分の身幅を超えたとき、初めてどうにかしようと動くから。それまでは手の打ちようはない。対処療法もありません。

Q　人の欠点ばかり見る私

（会社員・40代・女性）

人の悪いところばかり見てしまいます。友人が「あの俳優、カッコイイよね？」と言っているのに、「ありえないくらい腕が短い」と言って閉口させたり、取引先の男性がハンサムだという話で盛り上がっていても、「あの男は、歯並びが悪すぎる」とか言って水を差してしまいます。そんなこんなで、「あんたは、人の欠点しか見てない」「人のあら探しばかりしてる」とみんなから言われてしまいました。人の悪いところばかりあげつらうこの性格、どうにかしたほうがいいんでしょうか。

A 「それはあなたのキャラクターです。変える必要はまったくありません」

押井　この相談者、麻紀さんに似てるよね。麻紀さんもそういうところあるんじゃない？

――押井さん、よくご存知で。そうなんですよ。私も、わりと欠点に目がいくほうですね。

押井　この人は、「どうにかしたほうがいいのか？」と言っているけど、そんな必要はありません。それは、あなたのキャラクターですから。**人の欠点にすぐ目がいくというのは、人に興味をもっている証拠。**それは仕事の上では絶対に必要です。この人の仕事が何か判らないけど、麻紀さんのような仕事では当たり前です。

――映画ライターという仕事に？

押井　人を見るのが仕事だからだよ。たとえば映画をなぜ観るのか？　面白い話を観たいとか聞きたいというのはあるけれど、その半分は役者を観ているわけでしょ？　わたしだって、半分は役者を観てますよ。そこで、「この人とてもハンサム」になるのか「この人、歯並び悪い」になるのか、そこがその人のキャラクターなんです。だから、変える必要はまるでない。

何をもって美しいかというのも人によってまるで違います。ある人にとってはAという女優が美人で、もうひとりの人にとってはBが美人になる。

——でも、好き嫌いはさておき、みんなが認める美人というのも存在しますよね。

押井　もちろんです。最近のわたしの経験で言うと天海祐希さん。知人の舞台を観に行って、そのあと楽屋で見かけたんだけど、本当に美人だった。もう次元が違う。華がありオーラがあって、フォーカスが彼女の顔にピタっと止まる。すごいです。

——話したりしたんですか？

押井　意外なことに、わたしのことを知っていたようで「押井監督」とか言ってくれて、ちょっとびっくりした(笑)。

一緒に仕事をした女優で言うと『パトレイバー』でカーシャを演じた太田莉菜も美人です。

——『東京無国籍少女』(15)の清野菜名ちゃんはきれいだと思いましたよ。

押井　清野は美人というより存在感がすごかった。ギラギラしてて、目ヂカラが尋常じゃなかった。あの年齢であの目ヂカラはまずない。キモがすわっていると言うより、ケダモノのような感じ。だから即決で彼女にしたんです。

——いまやドラマやCMに引っ張りだこで、人気女優のひとりじゃないですか？　もしかしてブレイクしたきっかけは『無国籍少女』!?

押井　そんなことはないと思うけど、わたしの映画に出た子は、後でみんな売れっ子になります。それゆえに、二度と使えないという伝説があるくらい(笑)。

——説得力のある伝説ですね。ところで押井さんは、人を見るとき、どこを見ているんですか？

押井　どういう関わり合いになるかで全然違ってくるけど、仕事仲間の場合は、面白そうかどうか。そもそも、わたしと付き合うと、面白い目にあえるだろうと考える人が寄って来る。でも、よくしたもので、そうやって始めても、ウマが合わない人は自然と離れて行くんだよね。あとは、わたしを利用しようとか、名前だけとかいう人はすぐに判っちゃう。

わたしと麻紀さんだってウマが合ったから、こうやって20年近く付き合っているわけでしょ？　ウマの合う人とは利害は関係ない。そういう人の言葉には、まずはちゃんと耳を傾ける。

わたし、人の話を真面目に聞く名人なんですよ。気づかなかった？　その道の達人というか、そういう努力を惜しまない。相手が、この人はちゃんと他人の話を聞いてくれる人だと思わないと、信頼関係を築くことなんてできません。それは学校の先生と同じ。この子はダメだと思っていても、いい先生ならちゃんと耳は傾ける。上から目線はダメだし、媚びてもダメ。対等に話を聞くことから始める。

――だから押井さん、人生相談に向いているんじゃないですか？

押井　もしかしたら。職場ではいつも、スタッフの話はちゃんと聞いてる。彼らは大切なので。

――この相談者も「人間に興味があるから」という答えに驚くと思いますよ。普通だったら「誰にでも長所はあるから、今度からそれを見つけるようにしましょう」くらいで終わりですから。

押井　「**物事は絶えず本質に立ち返る**」んです。みなさん悩んでいるようだけど、実は悩んでないのでは？　というのがわたしの見方。この相談者でいうと、ある意味で言えば、根本のところで人間が好きなんです。あら探しというのは、面白いところを探しているというふうにも考えられる。その人を面白がろうとしているから、何も直す必要はないんです。

そもそも、芸能人というのは、そういうために存在している。みんなにいろいろ言われるうちが花で、言われなくなったらおしまい。崇拝者が半分、あら探しをしているのが半分。それでちょうどいいバランス。全員が崇拝者なんて気持ち悪いだけですよ。

Q あがり症を治したい

（会社員・40代・男性）

ウチの会社では、朝礼で「最近のニュースからひとつ拾い、それに関する自分の意見を発表する」という慣習があります。社員は50人ほどなので大した人数ではないんですが、あがり症なので、数週間前からすごく憂鬱で、緊張した日々を過ごさなくてはなりません。押井さんは講演することもありますよね？　どうしたら緊張せずにすみますか？

A 「自分の仕事ではないと感じているから不安になる。あがらないためには、最初に笑いを取る。あるいは、観客のなかのひとりだけに的を絞って話しかける。そして、もっとも重要なのは、着地を決めること！」

押井 わたし、性格的にも経験的にも、どこに引っ張り出されようが、これまで一度もビビったことがない。たとえ相手が石破（茂）さんであろうが、4000人のお客さんであろうがです。例のウィンザー・マッケイ賞のときも、結構な会場でスピーチをやらされたんだけど、ちょっとしたハプニングが起きたせいもあって緊張はしなかった。

——アイジー・アメリカの女性アシスタントの方に、壇上でいきなり首根っこをつかまれちゃった、あのときですね。

押井 わたしがスピーチしようとマイクに近づいたら、いきなりですからね。もう場内大爆笑。めちゃくちゃウケていた。それは偶然だったとはいえ、だいたいの場合、わたしはジョークから始めるので、それでウケれば、あとは思うがままです。

——ということは、あがり症の人は、最初に一発、ジョークでも言ってその場を和ませるわけですね。場をリラックスさせることで、自分もリラックスする。

押井 そうです。それがひとつのやり方。

わたしも小学生のころは、人前に出るのが本当に苦手だった。シャイな少年だったんです。優等生だったので、総代として人前でしゃべらされることも多かったけど、しゃべっている途中から、自分が何を言っているのか判らなくなる。もうむちゃくちゃ。一応、自分なりの台本は用意したものの、すっかり忘れちゃって支離滅裂。そんな恥ずかしい思いを何度もした。だからずっと、そういうのは苦手だと思い込んでいたんです。

ところが、監督という商売を始めてからだと思うけど、誰とでも話せるようになった。どんなおやじだろうがおねえさんだろうが、ガキであってもじいさんでも、誰でも大丈夫。唯一の苦手だった女子高生も、女子高生映画（『東京無国籍少女』と『血ぃともだち』）を2本続けて撮ったことで克服できた。いまはもう、無敵状態(笑)。

その一方、ずっと克服できないだろうという分野もある。空手の昇段審査。必ずあがって、頭のなかは真っ白ですよ。先日も棒術2段の昇段審査があったけど、足は震えるわ、指は震えるわで次のワザが出てこない。一応、合格はしたとはいえ、やってる間中、頭は真っ白ですから。

――試験だからじゃないですか?

押井　おそらく、自分の専門分野だと思ってないから。映画だろうが講演だろうが、それらは自分の仕事で商売なんです。そういう部分ではちゃんとプロフェッショナルの自覚がある。でも空手は、そういうこととは一切関係ない。そのときはただの〝いちおやじ〟になる。どんなに上手くなっても、この〝いちおやじ〟の感覚は消えないと思うよね。このときだけは、小学生に戻っちゃうわけです。言い換えれば、空手はおそらく、どんなに上手くなってもプロにはなれないということです。

——ということは、この相談者は……。

押井　おそらく、朝礼のスピーチや、人前で話すことに仕事という認識がないから、そうやってあがっちゃうんです。

だから、そういう人には、さっき言った「最初に笑いを取る」というやり方もある。偉そうなことを言おうとするのではなく「なんで僕がこんなところにいるか、自分でもよく判ってないんですけどね」みたいな感じで自分を落とすところから始めてみる。いいことを言おうと構えるからナーバスになるんです。最初から大上段に構えたらほぼ自滅しますよ。

もうひとつは、朝礼のときに50人のなかからひとりだけをピックアップして、その人に向かって話しかけるようにする。そうすればほかの49人が気にならなくなるから。

——どういう人を選ぶんですか？

押井　自分の話に興味をもってくれそうな人。50人も500人も変わらないから。わたしは先日、この手で講演をやったんだけど、終わったあとその「ひとり」がわたしのところに来て、「わたしのこと、見てましたよね？」になり「個人的に相談に乗って欲しい」と言われちゃったけどね(笑)。

——そういうこともあるんだ(笑)。

押井　その人のおかげで「毒親」という言葉を知りました。自分が望む人間になってもらいたくて、わが子を縛る親のことらしい。

だから、この相談者はまず、このふたつを試してみるといいんじゃないの？　最後に、もうひとつ重要なのは「話を見事に着地させること」です。もしこれができないと、そこまでがパーフェクトであっても挫折感だけが残ることになる。最後にウケを取って終わったときが、パーフェクト。ちゃんと着地させることがもっとも重要です。

——それは映画などと同じですね。「終わりよければすべてよし」というか「有終の美」です。それまでダメだった映画でも、ラストがすばらしければ、「いい映画を観たなー」という感覚になる。最近なら『ボヘミアン・ラプソディ』(18)。ラストにライブを結集させているから、多くの人は感動したんだと思います。それまでのことは吹っ飛ぶから。

押井　わたしも師匠から言われたからね。「最後だけがんばれ。ラストシーンだけは絶対に失敗するな」って。どんなにいい映画でもラストシーンがぐしゃぐしゃだと、映画としての評価はガタっと下がる。逆に言えば『第三の男』(49)だって、ラストの長回しがなければ、映画史に残る作品になっただろうか、ということですよ。

注：ウィンザー・マッケイ賞：米国のアニメ賞、アニー賞のなかの名誉賞。日本人ではこれまで川本喜八郎、手塚治虫、宮崎駿、大友克洋、高畑勲が受賞している。
注：『ボヘミアン・ラプソディ』：イギリスのロックバンド、クイーンとそのボーカリスト、フレディ・マーキュリーを描いた伝記音楽映画。ラストは21分にも及ぶライブエイド・コンサートの再現。
注：『第三の男』：ラストはおよそ1分20秒の長回し。それまでセリフが多かったにもかかわらず、このシーンだけは無言だった。グレアム・グリーンの原作をキャロル・リードが映画化した傑作。

Q 韓国ドラマ沼から抜け出すには？

（主婦・50代・女性）

韓国ドラマの沼にハマってしまった主婦です。
好きなものがある日々はすばらしいとは思うのですが、削られてゆく睡眠時間に身体が悲鳴を上げています。この〝沼〟からどうやって脱出すればいいのでしょうか？ ゲームにハマった話をよくされている押井さんなら解決法をご存じかと思い質問しました。

A「とことんハマればいつか底に着くから、とことんやってみよう！　です」

――韓国ドラマ沼にハマっている主婦からの相談です。私も最近、韓国ドラマの面白さに気づいたので、この人の気持ちはよく判ります。

押井　でも、麻紀さんは悲鳴を上げてはいないんだよね？

――そうですね。むしろ楽しいです。それこそ睡眠時間が削られ、仕事もままならないですが(笑)。

押井　ゲームでも韓国ドラマでも、何かハマっているものがあるというのは結構、充実しているということなんだよ。睡眠時間が削られるのも当たり前。

昔、『ドラクエ』(『ドラゴンクエスト』)に日本中がハマっていたころ、アニメスタジオの若い連中もみんな『ドラクエ』をやっていて、睡眠不足でフラフラしていた。わたしもハマっていたときは「しばらく旅に出ます」と言って仕事は全部放棄。頭は完全に向こう側に行っちゃって、すっかりドラクエ人間になっていた。自分に戻るのは食事するときとお風呂に入りトイレに行き、仮眠をとるときだけ。それ以外、自分は存在してないにも等しい。そのほかの時間はずっと〝勇者〟なんですよ。

でもさ、旅に出たらいつかは絶対に帰るわけだから大丈夫。それが早いか遅いかだけです。

——でも押井さん、韓ドラって本当にたくさんあるんですよ。帰って来るのに時間がかかりそうだから、この相談者は悩んでいるのでは？

押井　ゲームにハマるということと、特定のタイトルにハマるということと、もうひとつ、ゲームをする行為自体にハマるということもある。ドラマも同じようなもんです。いまのドラマは一気見できるシステムになっているじゃない？　だからますますそうなってしまうし、そうやって韓ドラにハマっていること自体を楽しんでいる。ゲームだって毎週1回だけやろうというんじゃハマりませんから。連続してやれる環境だからハマっちゃうんだよ。

——確かに、続けて観られるのはハマる大きな原因のひとつかもしれない。

押井　それは、いまのエンタメ社会がすでにそうなっているから。エンタメ業界は、どうすればみんなハマってくれるかを考えながら企画している。ドラマならハラハラドキドキさせて、次を観たくなるように必ず作る。分節化するんだよ。ゲームだってそう。だからもうハマっちゃえばいい。いつか必ず底に突き当たって終わるから。そうして、現実の世界に戻ればいいんです。

——そうですね。私はずっとハマったままみたいな気がしますが(笑)。

押井　中学生から映画にハマったまま、いまだに泥沼状態なんだろうけど、別に後悔はしてないでしょ？

——まったく。

押井　人生、楽しくなったんだよね？

――仰る通りです！　それを仕事にしたからかもしれませんけどね。

押井　ハマっている間は脳内麻薬が頭を回っているんだよ。これが実際の麻薬だったらヤバいけど、自前の麻薬だから。人類はこれで滅亡するだろうと言っている学者もいるくらいですよ。

人間は覚醒剤などのドラッグではなく、脳内麻薬でいずれ滅亡するだろうというんです。文明自体が、どうやったら人間の脳がドーパミンを出すのか、脳内麻薬を出すのかという方向に向かって進化している。もちろん、大局的に言ってだけど。エンタメであろうがスポーツであろうが、快感原則に向かって加速しているんです。

――SF小説でも映画でも、そういうのはたくさんありますね。

押井　最後はデジタルドラッグだよ。いまはダメということになっているけど、ダメと言われて本当にやめたことなんて、人類の長い歴史のなかで一度もないから。みんな「戦争はこりごり。もうやめよう」と言いつついまでも続けている。「セックスと戦争は誰も飽きなかった」という有名な言葉があるけど、まさにその通りですよ。

なぜ、セックスと戦争なのかと言えば、それをやっている間はドーパミンがダダ漏れ状態だから。みんな引きこもりになって楽しい夢を見て、ドーパミンを出しながら死んで行く。それもまた、いい未来ですよ(笑)。そもそも地球に優しいよね。人類がいないほうが地球はハッピーだし、周りの植物も動物も幸せ。いつかそうなるんじゃないの？　わたしも最近、そう思うようになってきた。だから、ドーパミンを出してハマれるものがあるなら、睡眠不足でも何でもハマりまくればいい。

落ちるところまで落ちれば、やめる人間はやめるし、やめない人間はその専門家になってもいい。

麻紀さんが映画ライターになったように、ですよ。

――あ、そうですね。

押井　この奥さんがドラマの脚本を書くようになったり、評論家になったりしてもいいわけだ。いまはネットの時代だからそういうのを発表する場もあるでしょ。そのお金で好きなドラマの聖地巡りをするのもアリだよ。

――でも押井さん、韓ドラの場合だと「沼」という言い方をするみたいなんですが、なぜ日本のドラマじゃそう言わないんでしょうか？

押井　それは、やっぱり同じアジア人ではあっても非日常だからでしょ。日本のドラマとは決定的に違う。字幕で楽しめば非日常度が増すし、日本のドラマに出ている人はCMやらでも顔を出していて、スペシャル感がない。でも、韓国のスターはスクリーンやモニタでしか見られないというのはあるんじゃないの？　そういうスターを追うことを「沼」ともいうのでは？

――ありますね。日本のドラマで主役を張る人はCMにも大量に出ているけど、ひと昔前のハリウッドでは、映画スターはCMには出ずにスクリーンで会う人だったから。それに韓国の役者さんは顔だけじゃなくスタイルもよく、演技力もある。日本ってちっちゃい人多いですよね。40歳になっても大学生くらいにしか見えないタレントというか役者というか、そんな人がなぜか人気がある。私は韓国のほうが厳選されているような感じがしますね。

押井　それはあると思うよ。みんな普通に整形しているし、確かにきれいな人は多い。わたしは若い人はみんな同じ顔にしか見えないけど、それはもうある年齢になると仕方ない(笑)。それに、芸事に関しては韓国のほうが一枚上。踊りでもお芝居でも、歌でも日本よりランクはひとつかふたつ上ですよ。やはり芸事の国だなって思うよね。昔のドラマで、日本の『家政婦のミタ』(11)というのがあったじゃないですか。あれ、韓国でリメイクされていて偶然、それも観たんだけど、韓国版のほうが面白かった。

――韓国版は『怪しい家政婦』(13)というタイトルなんですね。『冬のソナタ』(02)で有名になったチェ・ジウが主演しています。

押井　その辺のことはよく判らないけど、役者がよかったよ。脇に至るまでちゃんとしている。日本の場合はそうはいかないから。レギュラー以外はレベルがガクンと落ちる。向こうにそれはないよね。そういう意味ではハリウッドと同じ。わたしがよく言うように、セリフがひとつしかないビルの清掃のおっさんまでちゃんと上手いから。ああいうのを観ると、日本は勝てないと思う。

それに気概の違いは感じるかな。『人狼』(18)の女優のハン・ヒョジュさんに会ったんだけど、とてもきれいなだけじゃなくて、すっと懐に入って来るというか、とても自然に距離を縮めてくるんですよ。おそらく、わたしが監督だからであって、その姿勢から「私はこの世界で生きて行く」という気概を感じることができる。でも、日本の若手でそこまで感じる人はあまりいないよね。『パト』(『THE NEXT GENERATION パトレイバー』14〜15)の実写版でオーディショ

ンをやったけど、確かにかっこいい若手ではあるんだけど、匂い立つものが何もない。クセも何もなくて、映画が面白くなる気がしないんです。
——そういう子、日本の若手は多い感じですよね。私はそういう人にインタビューしたことがないんですが、当人がこの役をやりたいというんじゃなくて事務所がもってくる場合が多いんでしょ？　だから、インタビューのときに「どうしてこの役をやろうと思ったの」という基本的な質問ができないと聞いたことがある。
押井　それが日本の芸能界のシステムになっているからだよ。当人の意見が伝わってこないから、生きている気迫みたいなものを感じない。麻紀さんが40歳でも高校生に見えると言ったのは、この業界で生き抜いているという感覚が薄いからじゃないかな。だから、いまだに大学生の雰囲気なのかもしれない。

――ああ、そうかもしれませんね。話はとんじゃいましたが、この相談の押井さん的答えは?

押井　とことんハマればいつか底に着くから、とことんやってみよう、ですね。

第五章——社会

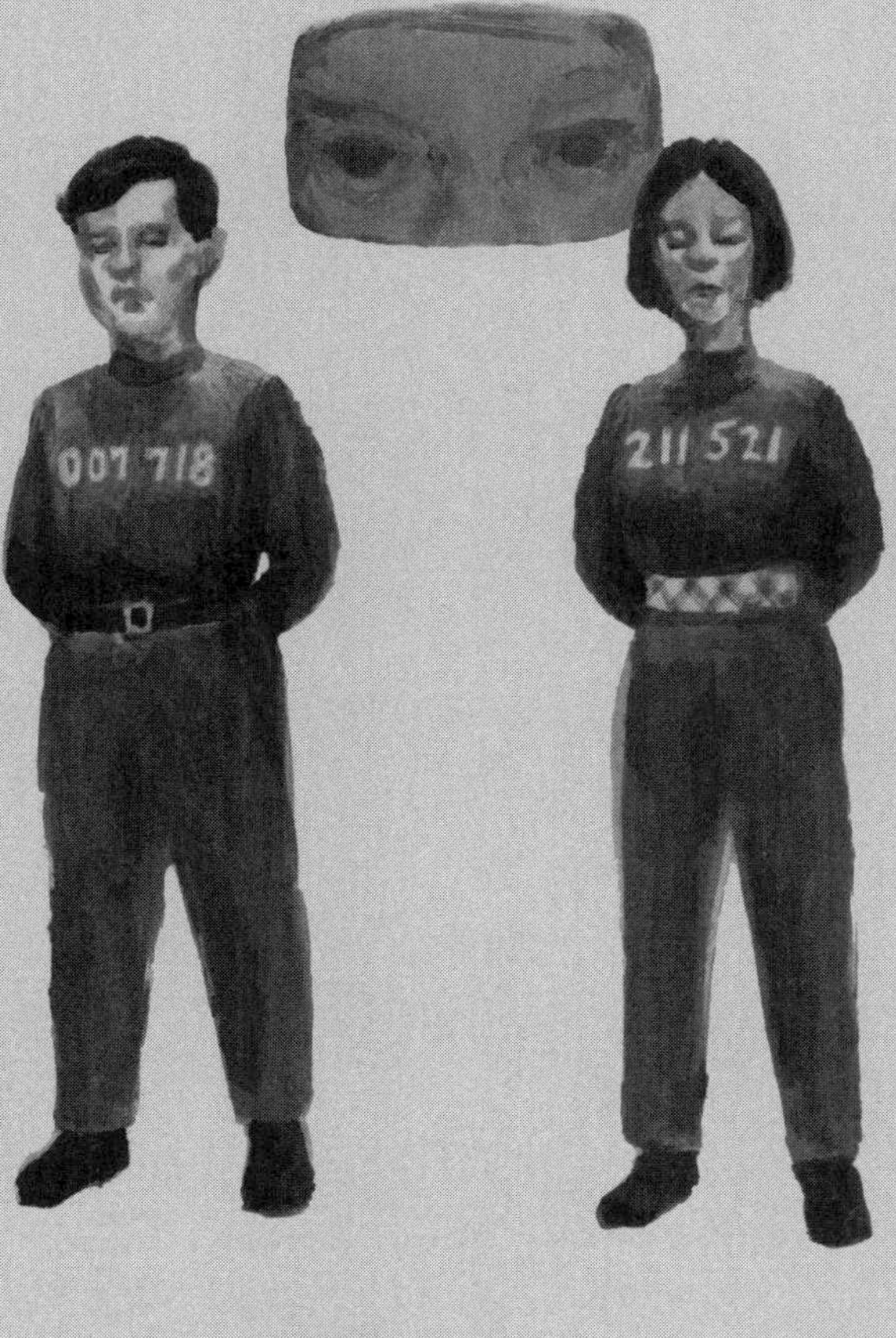

Q 作品に罪はないはず

（自営業・50代・男性）

大好きなミュージシャンが麻薬で逮捕されてしまいました。CDは出荷停止、デジタル配信も停止。出演映画も配信停止が相次ぎ、多くの作品が影響を受けています。でもなぜ一個人の問題を、みんなで背負わなきゃいけないんでしょう？　日本人の好きな、連帯責任ってやつなんですかね。この思考停止の横並び自粛主義に反吐が出ます。押井さんはどう思いますか？

A 「全然同意します！　〝ふざけるな！〟と言いたい」

押井　全然同意します。100パーセントあなたのおっしゃる通りです。わたしもいい加減にしろよと思っている。

——おそらくこの相談者は、ピエール瀧の事件(19年3月12日)のことを言っているんでしょうが、こういう事件になるとマスコミは一気に自粛規制態勢ですよね。

押井　東映が一石を投じたと言っているけどさ、一石どころか、当然の対応ですよ。

――ピエール瀧が出演していた『麻雀放浪記２０２０』(19)を普通に公開したことですね。

押井　わたしは、**芸能者と政治家は、私生活で何をやろうが関係ないと思っている。**芸能者はいい作品を作ったか、政治家はちゃんと仕事をしたか、それだけが問題であって、あとは何も問わない。ある役者が「ピエールさんのような立場にいながら、あんなことをやるなんて許せない」とか言っていたらしいけど、なんだよそれと思いますよ。

――「ピエールさんの立場」という意味が判らない。

押井　要するに映画だったら、クレジットが上にくる人ということ。共演者に対する責任があるという意味です。

わたしが知っている女優も、デビュー作になる予定だった作品がしばらくお蔵になった。なぜかと言えば、共演者が何かをやらかして逮捕されたからだと聞いています。

でもさ、ＴＶやラジオ以外のメディア、映画や音楽というのは自己判断で観たり聴いたりするんでしょ？　自分が観たいから劇場に行ってお金を払っているわけですよ。だったら、それは自己判断でいいじゃない。なぜ公開中止とか延期にしなきゃいけないわけ？　上映しているのがイヤだったら近づかなきゃいいだけでしょ。ＴＶやラジオは公共放送という建前があって、公序良俗に反するということがあるから、まあ、判らなくもない。でも、映画もダメとか配信もダメとか、もうふざけるな！

言葉狩りで同じようなことがあった。『ルパン三世のマモー編』(『ルパン三世 ルパンVS複製人間』78)に「キチガイ」というセリフが出てくるんだけど、放映するときには必ず「ピー」が入っている。

——いつからダメになったんですかね。(ジャン=リュック・)ゴダールの映画『気狂いピエロ』(65)も「きぐるいピエロ」とわざわざ読んでいる人がいて驚きました。

押井 風変わりな人を「キチガイ」と呼ぶのは正しい。ゴダールの映画だってそういう意味で付けている。鈴木敏夫は、監督のほとんどは「キチガイ」だって言っているけど、それは「風変わり」という意味なんです。だから昔は「映画キチガイ」とか言われていたでしょ?

——そうですね。それが「映画マニア」になり、いまは「映画オタク」になっている。「キチガイ」という言葉が使えなくなったので、「オタク」という言葉で代用しているのかもしれない。

押井 「ゲームキチガイ」とかね。使い方としては慣用句に近い。それをその単語だけ取り出して、「ピー」にしてしまうのは、言葉への対処が雑すぎる。

要するに、雑なんです。言葉は文化なのだから、それを雑に扱ってどうすると言いたい。しかも、文化を扱い、言葉の重要性を判っていなければならないマスコミが雑に扱っている。ありえませんよ。

——文化ならば、そういう言葉をただ封印するのではなく、言葉としては残すべきですよね。マスコミが過剰反応しすぎなのでは?

押井　そうです、そもそもマスコミが問題です。どの局も同じような情報を垂れ流すだけで、もっとも肝心なことは言わない。たとえば今回のピエール瀧事件のドラッグ、コカイン。いろんなドラッグがあるなか、なぜコカインを彼は選んだのか、それをちゃんと説明したマスコミってあった？

――どうなんでしょう？　知らないけど、詳しく報道すると、興味をもたれて困るとか？

押井　コカインは値段が高いうえに、持続時間が短い。金持ちやセレブ連中が好む理由はそこにある。持続時間が短いと、社会生活に支障をきたしにくいから。覚せい剤は丸一日くらい、あっちの世界に行っちゃうので、普通に生活をしたい人には向かないんです。

――なるほど！　おそらくピエール瀧はそういうことも考えてコカインをチョイスしたのかもですね。

押井　ドラッグと言っても、それぞれちゃんと特性があって、まるっきり違うんです。そういうことは何も言わず、TVのニュースやワイドショーは警察のスピーカーの役目しか果たしてない。ネットはガセが多いし、それ以上のことを知りたかったら週刊誌を読むしかない。

わたしはいつもマスコミの報道には疑問を抱いていて、たとえば先日起きたニュージーランドの乱射事件（クライストチャーチモスク銃乱射事件）。死者負傷者合わせて100人くらいの被害者が出たと報道されたけど、この数字、ひとりの男が撃てるような人数じゃない。物理的に不可能なの。モスクのなかで撃ちまくったとしても、彼が使用したらしい半自動銃だといろいろ納得できない点がある。一発必中のはずはないから、普通に考えるとその倍以上は撃ってるはず。ということは、トリガーを引くだけで300回とか400回になる。そんなこと不可能ですから。しかも、それだけの弾を携行することも不可能に近い。重たいから。50発入りだって、大人のわたしで「おっ」というくらい。もしマガジンに入っていたらより重くなるから、どうやって運んだのかというのも不可解なわけです。訓練を受けたゲリラが、フルオートのAKを撃ちまくり、手榴弾まで投げたとしても、100という数字にはならないはず。だから、わたしたちガンマニアは、この報道を聞いたとき、「この犯人って、超人なわけ?」となる。

——そうなんですね。深く考えませんでした。

押井　コメンテーターとかリポーターもいらない。ちゃんと真面目に調べて報道してほしい。陰湿な殺人事件になると、根掘り葉掘り、執拗なまでに報道しまくるくせに、海外のテロになると途端に手抜きですから。

——その犯人や被害者が日本人だったら、根掘り葉掘りですよ。日本じゃないから、一般の興味も薄いと判断したんでしょうね。それよりも、親しみのある芸能人の事件のほうがいい。

押井　なぜ麻薬を取り締まるかと言えば、麻薬が犯罪を誘発するからという、警察の言い分としては判る。社会の秩序に悪影響を与えるというわけだよね。多くの人が薬物に走っているというのは、国としては認めがたいとは思います。

——でもアメリカでは最近、カリフォルニア州が大麻を合法化しましたし、オランダでもソフトドラッグは合法ですよね。

押井　ドラッグは使用する人間以外に、誰かを傷つけたりすることは、よっぽどのことがない限りありませんから。家族崩壊の誘発とか社会風紀のびん乱はあるけど、基本はやはり自己責任なわけです。それをマスコミは、まるで鬼の首でもとったかのように騒ぎまくる。**個人を裁く資格があるのは司法だけで、マスコミや一般人にはない。**わたしに言わせれば「あってたまるか！」ですよ。

――そういう風潮は、かなり気持ち悪いですね。

押井　明らかにいま、みんなが誰かを裁きたくてしょうがないという空気を感じる。

――なぜなんでしょう？

押井　世の中が面白くないからじゃないの？　ストレスのはけ口ですよ。ネットが普及する前はここまで酷くなかったけど、いまは本当に酷い。

――ネットというはけ口が見つかっちゃったから。誰でも好きなことを言えますからね。

押井　しかも匿名だから、人間の下劣な品性がむき出しになった。エッセイストの山本夏彦さんが書いた、気に入っている言葉のひとつに「**世の中は嫉妬で動く**」というのがある。世の中、持ち上げるのも早いけど、引きずり下ろすほうがはるかに早い。なぜなら、そこに快感があるから。しかも、持ち上げるのも引きずり下ろすのも同じ人間ですからね。

宮さんだって、鈴木敏夫だって、もちろんわたしだって、もし死んだら驚くようなことが噴き出ますよ。問題のない人間はいないし、ましてやそれがクリエーターやアーティストなら尚更です。どこかしら問題があるに決まってる。ノーマルで清く正しく生きたい人間が映画を作ったり、本を書いたりしません。どこか歪んでて当たり前。わたしに言わせれば、人間に完璧を求めることが諸悪の根源なんですから！　だけど、社会生活を無難に送るため、自分の利益や財産を守るため、最低限のことは守っているわけです。

だから、話を最初に戻すと、コカインをやってみたいと思う人がいるのは別におかしいことじゃない。ただ、こういうドラッグ系の事件って、芋づる式に事件の関与者を探そうとするじゃない？　それはもう、魔女狩りみたいなもんで、本当に気持ちが悪い。

――一般の人は、有名人が堕ちて行くのが楽しいんでしょうね。

押井　そうです。大義名分さえあれば、誰でも叩けるという内実は何かと言えば、「嫉妬」です。水に落ちた犬は叩き放題。ざまあみろ、ですよ。社会正義の名を借りているから、よりタチが悪い。

――みんな、幸せじゃないんですね。

押井　不安を抱えている人がすごい勢いで増えているのは確かでしょ？　それが芸能人のスキャンダルに向いている限り、政府は安心できる。これが政府に向き始めたら内乱やクーデターが起きて、タダじゃすまないことになる。こうやって芸能人が叩かれている間は、この国は安泰ですよ。

わたしは、怒るんだったらまだまだいろんなことがあると思うけどね。原発だって何の解決にも至ってないんだから。政府は「がんばれニッポン」とポジティブなスローガンを掲げているけど、実は何もできない。原発の後始末なんて誰にもできないのは判っていて、ポジティブなフリをしているだけです。実は総がかりでペテンをやっているんだけど、国民の目はそこには向いてないでしょう？　「復興五輪」とか言う前に、ちゃんとやることがあるだろうと言いたい。そっちのほうがピエール瀧のコカインよりよっぽどタチが悪いんだよ。

何を叩くべきなのか、その順番がおかしくなっているのは、ただ叩ければいいというふうにみんなが思っているからです。

――オリンピックのニュースをもってきて、そういうことから目を逸らそうとしているんでしょうね。でも、オリンピックで浮かれているのは、マスコミと政府とアスリートくらいなのでは？　少なくとも私の周囲は「ふーん」という、他人事の人が多いですけど。

押井　わたしも全然盛り上がっていないと思っています。

注：クライストチャーチモスク銃乱射事件：2019年3月15日、ニュージーランドの都市クライストチャーチにあるふたつのモスクで起きた銃乱射事件。51人が死亡、49人が負傷した。

Q 隣に住む人がうるさい

（会社員・20代・女性）

隣の部屋に大学生くらいの男が住んでいるのですが、そいつが夜な夜な友だちを家に呼んで、酒盛りをしています。音楽をかけたり、騒いだり、共用廊下でふざけ合ったりしていて、なんだか怖いし迷惑です。大家さんに言えばいいとも思いますが、それがバレて、恨みを受けたらどうしようと思うと勇気がなく……。お金もなくて引っ越しもできない私、どうしたらいいでしょうか。

A

「自分で言えないのなら、その状況を楽しんでみる。それでも解決しなかったら自分で苦情を言う。大家を介するのがもっともダメな方法です」

押井　隣に住んでいる兄ちゃんがうるさいというのは、よくある話です。最近多いのは、老人のトラブル。独居老人が増えたせいだろうけど、結構多い。でも、この相談者の場合はオーソドックス。それにこの人、20歳代で若いじゃない？　だったら対抗して自分もうるさくしちゃえば？

——えっ！　それだと解決しないのでは？

押井　それでより揉めて、刃傷沙汰になってもわたし、知らないけどね(笑)。

まあ、それは冗談として、一方的に忍耐しているというのは、あんまりよろしくない。向こうは、自分が迷惑をかけているということにすら気づいてない可能性もあるんじゃない？

——この内容だと、一度も苦情を言ったことはなさそうですからね。意外と「気づきませんでした。すみません！」になるかも。

押井　一番ダメなのは、第三者を介入させること。相談者の言っている「大家さんに言う」がもっともよくない。もし大家さんに頼むと、余計に陰にこもってしまう危険性がある。わたしは本人が直接言ったほうがましだと思っています。それでどうしようもないなら、次の手を考えればいい。意外とそれで丸く収まる場合だってあるわけだし。

いまの世の中、直接対面するのを避ける傾向が強い。警察を呼んだり、管理人に言ったりする。わたしが住んでいるアタミの山の中でも、管理事務所を通して「この間、あなたが散歩中にイヌのウンチを捨てたという人がいる」と言われたことがある。「わたしはイヌのウンチを拾って20年です。そんなことをする飼い主ではありません」と言うと「判っているんですが、そういう人がいまして」って。その告発者は「現場を見た」と称しているわけですよ。間接的にそう言われると、とても気分が悪い。もし、本当に目撃したのなら、その場で言えばいいでしょ？　もし、どこかの子どもが悪いことをしているところを目撃したら、その場で「そんなことしちゃダメですよ」と声をかければいい。

——でも、いまの人は誰かを介さないと言えないんです。相談者も書いているように、逆恨みされそうで怖い。相手がどんな人か判らないから。第三者がいるとお互い助かるようなところがあると思うのでは？

押井　この相談者の場合は判らんでもないけど、イヌのウンチも怖いわけ？

――そういうことですよね。そういう事件が報道されたことが何度かあるんじゃないですか？　だからみんな、「触らぬ神に祟りなし」と考え、事務的に処理してくれる第三者を介する。

押井　そういう事件が多発しているというより、マスコミがそういう事件ばかりをクローズアップするからだよ。みんなの身近な事件だから関心も高いだろうという判断でしょ、おそらく。でもさ、実際に日本は、そこまで治安が悪くなってはいない。そこは信じていいと思うけどね。

わたしが心配しているのは、こういうことを繰り返していると密告社会になってしまいそうだから。最近はどこにでも監視カメラが取り付けてあって、犯罪の多くが監視カメラの映像で解決しているじゃない。監視カメラの目から逃れて悪いことをするのは至難のワザですよ。

――誰かを介するという方法も、いわば匿名ですよね。匿名なら、何でも言える……。

押井　そうです。わたしがヤバいと思っているのは、匿名に隠れて告発すること。メーカーの苦情係に電話してクレームをつける連中。世に言うクレーマーなんて、相手は苦情係だから絶対言い返せないのを知っていてダラダラと苦情を並べてるだけ。これも匿名だからできることです。人間として低劣、品性下劣ですよ！

そういうことを繰り返していると、どんどん息苦しい世の中になる。自分だけは安全だと思っているだろうけど、まわりまわって自分に降りかかるときが来るんです。要するに危険な関係を作っているだけ。**やることをちゃんとやってないと、恐ろしい世界になってしまうんです。**マイナスの感情というのは、人間をどんどん、どんどん追い込んでいくから。負のスパイラルに入ったら、もとに戻すのは大変です。

この人に言いたいのは、いろんなことを試してみればいい。わたしも昔は、プライバシーなんてまるでない、壁板一枚で仕切られた三畳一間のボロアパートに住んでいたけど、周りの騒音を結構楽しんでましたよ。トラックの運ちゃんの部屋に最近、きれいなおねえさんが出入りしているなと思っていたら、あるとき大家の「このバカ！」というすごい怒鳴り声が聞こえてきた。実はその女が結婚詐欺師で、貯めていたお金を全部持っていかれた、とかさ。昔は、大家と店子って、いまみたいにクールな関係じゃなかったから、そんな相談もしていた。それこそ、話し出したら止まらないくらい、面白い話がたくさんあった。人間ウォッチングしまくっていたわけですよ。

まあ、だからこの相談者も「お、今日はこんな音楽をかけてるんだな」とか、面白がってみるのもひとつの手だということです。それができないんなら、やっぱり自分で苦情を言う。初めて文句言って、いきなり殴られたりはめったにないと思うしね。それでダメなら、そこからまた考えればいい。わたしに言わせれば、最初から大家に言うのはサイテーの方法です。

Q 動物を食べることってどう思いますか？

（会社員・40代・女性）

友人が〝生き物を殺して食べることに罪悪感を感じる〟とビーガンになりました。私も動物好きなので、彼らに苦しみを与えてまで食べてもいいのか……と疑問を感じはじめています。押井さんもイヌやネコ、動物を好きですよね？　どうやって納得して食べていますか？

A 「納得してなんて食べていません。この問題に関しては、安直な答えはありません」

押井　ベジタリアンというのは肉を食べない人だよね。ビーガンというのは？

――諸説あるようですが、ベジタリアンは魚は食べても肉は食べない場合が多い。でもビーガンは魚も食べないし、肉に関わる食べ物はすべて食べません。だから乳製品もダメです。さらに革を使ったバッグや靴も使わないし、シルクやウールも身につけない。

押井　徹底してるんだ。

――そうですね。随分昔ですが、リヴァー・フェニックスが来日したとき、彼はビーガンだったので、食べるものがなくてすごく苦労したという話を聞いたことがあります。蕎麦を食べたいというリクエストがあったものの、蕎麦のつけ汁はカツオを使っているでしょ？　それで食べられなくて困ったとか。もう30年くらい前のことで、私もビーガンという言葉はそのとき初めて聞きましたから。

押井　そんなんじゃ蕎麦もうどんも食べられない。昆布出汁だけじゃ美味しくはないしね。

――アメリカのレストランではビーガン用のなんちゃってステーキみたいなメニューもあるんです。ステーキに見えるけど、野菜で作られているらしい。

押井　日本で言えば〝がんもどき〟かな。精進料理では雁の肉を使えないから、雁のもどきで、〝がんもどき〟。豆腐を使い、ニンジンやひじきを入れて油で揚げ、何となく雁の肉っぽくする。そういう、なんちゃって料理を食べたい人がいるのは納得できる。

――なので問いは、動物好きならば、肉類を食するのに罪悪感はないのか？　その罪悪感とどう闘っているのか？　なんですよ。押井さん、肉類、普通に食べてますよね？

押井　食べるよ。生き物として牛や豚、哺乳類はみんな大好きだけど、それでも食べている。ただし、子牛や子豚、子羊とかは食べられない。子羊のローストなんて、もう論外。いくら美味しいと言われても、生理的に食べられない。食べるのは大人になった家畜類だけです。

そこに矛盾はないかと言われれば、ありまくる。矛盾しているに決まっています。それについてはこれまで散々、考えてきた。最近は、そういうアニメの企画も抱えていたくらい。流れちゃったけどね。『オクジャ／okja』(17) というポン・ジュノの映画のアニメ版を作る企画。彼が実写版を作って、わたしがアニメ版を作るというポン・ジュノから直接オファーされた企画だった。でも、彼の実写版がいまひとつ当たらなかったので、アニメ版の企画も流れてしまった。この企画はとても面白かったし、わたしは動物に関する映画をずっと作りたいと思っていたので、どうしてもやりたかったんだけどね。

――それはいま、Netflixで配信されてますよね。

押井　タイトルは、遺伝子操作で誕生した新種の家畜の名前。その家畜をアメリカの企業が、韓国の山奥で実験的に育てさせるんだけど、その家の娘にとっては家族同然の存在になる。成長した家畜は米国に輸送されることになり、少女はその家畜を助けるために立ち上がるという物語です。

ポン・ジュノの非凡さが伝わってくるラストで、人間は動物とどう関わればいいのか、彼らと関わるとはどういうことなのか、それをちゃんと描いている。わたしもそんなことを考えていたから非常に共鳴し俄然、やる気になった。よし全編作画、全編手描きでやろう！　今回は20万枚とか30万枚とか、派手に枚数も使えるだろうって。わたしも最後のセルアニメ、作画アニメになるんじゃないかと、かなり期待していた。てっつん（西尾鉄也）もそろそろ年だから、これが最後の大暴れ作品になる、とかね。会社がNetflixだったので、複雑ではあったんだけど……。

――そのアニメは観たかったですね。

押井　家畜というのは、ペット以上に焦点化されるテーマなんですよ。ペットは愛玩目的だけど、家畜というのは食べるのが目的。でも、一緒に暮らせばペットとどこが違うのか。そうなると差はなくなってしまうわけだし。

——自然災害等の被害で、家畜が死んでしまった家の人が「家族の一員のような存在だったのに」と涙ぐんでいるニュース映像などを見ると、「家族って言うけど、結局は家畜として売っちゃうわけだよね？」なんて突っ込んでいましたけど。

押井　だから、人間が動物を飼い、それを食べるということには本質的な矛盾があり、そこには常に、家畜として本当に割り切れるのかという大きな問題がある。

たとえばイスラム教。コーランには、口にできる肉であっても殺す手順が記されていて、それを守った肉しか食べられないという決まりごとがある。なぜそんな規則があるかというと、衛生観念というのが基本なんだけど、それだけじゃない。家畜を殺して食べる、食べるために動物を飼うということが本質的にはらんでいる問題を、少しだけでも軽減するためにそういう決まりごとを作っている部分もある。

そういう問題はいまも昔も変わっていないんだけど、現代は食肉を作る過程が工場化されているし、多くの人がスーパーに並んだ肉しか見たことがない。でももし、自分の手でニワトリを殺して、その肉を食べることができるかと言えば、まず無理ですよ。

——昔の映画にはそういうシーンがよく出てきてましたけど、当然ながら目は背けていましたよね。

押井　そういう反応をしてしまうのは、動物がかわいそうだと思うからでしょ？　だから、肉を食べていた西洋の人たちは昔から、動物たちにそういう感情を抱かないように試行錯誤を繰り返している。〝動物が悲鳴を上げるのは、機械的に反応しているだけ。生きているふうに見えて、実は機械と同じだ〟。そんなことを言ったのはかのデカルトです。彼らには魂がないから何をしてもいい。牛や豚は神様が人間に与えたもの……そういう理屈をたくさん作ってきた。

——そういうふうに考えないと、動物を食べられなかったわけですね。

押井　そうです。こんな話もある。ある坊主が妊娠したメス犬の腹を蹴りまくっていて、それを見た尼さんが悲鳴を上げたんですよ。すると坊主は「お前は信仰が足らない。神様が信じられないのか。これは生き物に見えるけれど、魂はないんだ。だからお前も蹴れ」。そして「それは神を信じることにつながるんだ」と言ったという。そういうふうに考えることで、当時の学者たちはイヌやネコを解剖しまくった。当時のヨーロッパには、家畜と人間のそういう屈折した関わりがあった。

宗教だけでは足らず、哲学も動員して動物との関わりを考えてきたんです。

アメリカの政治家だったベンジャミン・フランクリンは、ベジタリアンで知られていて、そういう本もいくつか残している。あるときタラを獲る漁船に乗って、船内で獲れたてのタラを油で揚げて食べた。そのとき漁師がタラの腹をさばいたら、そこから小魚がたくさん出てきて、それを見たフランクリンは、小魚を食べることでタラも生きている。タラがやることを人間がやってはいけない理由はないはずだと思ったというんだよね。そして、人間の理性というのは本当に便利にできていて、どんな理屈もひねり出すとまで本人が書き残している。

――動物を食べるというのは、大変なことだったんですね。

押井　大変どころか、負担に近いくらい。

ＮＨＫのドキュメンタリーに『人間は何を食べてきたか』という作品があって、そのなかに登場するドイツの農家では「今日はブタをつぶすぞ」と言って庭先にブタを逆さに吊るし、１日かけて解体していく。解体にはちゃんと順番もあって、腸を引きずり出してソーセージを作り、血も一滴残らず使いきり、蹄と歯と目玉以外はすべて食べられるようにする。子どももそれを手伝うんですよ。

――すべて、無駄なく食べるのがせめてもの供養なんですね。

押井　もちろんです。そのために、いままで大事に飼ってきた家畜なんですから。

この番組のＤＶＤは僕も持っていて、宮さん（宮崎駿）がＤＶＤ化にもひと役買っていたと思う。宮さんはこういうのが好きなんです。子どもには、人間が生きていることのリアルさを、小さいころから教えるべきだという考えをもっているから。

――まさに〝生きろ〟ですか。

押井　これは〝と殺文化〟。いまの日本はこの言葉に敏感だけど、わたしは平気で使っている。立派な言葉なんですから。と殺文化があった国となかった国はいろんな意味で大きな差が生まれてしまう。と殺が人間の生活に跳ね返ってくるからですよ。それも文化だし、食文化のない国はないんだから。食文化がある以上、食べ物をどう扱うかということに関して、歴史と伝統と独自の方法論がある。インドだと牛は食べないけど、ほかの肉は派手に食う。でも、人間と動物は区別しない。彼らは、人間の死体も牛の死体も、イヌの死体だって同じように扱いますから。飼いイヌがいないので、捨てイヌもいない。だから動物レスキューもなくて、これはこれでなかなかいい文化ですよ。

——狩りの文化はどうなんです？　英国では紳士のたしなみみたいな認識がありますが。

押井　ハンティングもひとつの文化のありようだよね。ハンティングに関してもギリシャ神話以来、人間はずっといろんな理屈を考えてきた。たとえばアルテミスという女神がいるじゃない？　彼女は狩猟の女神であると同時に動物の味方でもある。動物を愛する一方で殺すわけです。そういう女神を創造することからして面白い。

——日本の場合はどうなんです？

押井　日本の肉食の歴史が始まったのは明治以降なので、西洋とは比べものにならないくらいに浅い。牧畜という世界に生きていないから、その辺がまだまだ未熟なんです。

だから、この問題に明解な答えを出せる人はいません。安直なことは口にできない、とても大きな問題です。

Q 権力をもつと、欲望を隠さなくなるのはどうして?

（会社員・20代・女性）

権力をもつと、どうして人はそれを私物化しようとしちゃうんでしょうか。私の上司もヒラのときは実務を一生懸命がんばるってタイプの人だったんですが、権力をもった途端、気に入らない人の仕事をつぶしにかかったり、おだててくれる人を引き上げたり……。政治家とかを見ていてもそんな感じですよね?　人間の性なんですかねー。

A 「人間の三大欲望のひとつが〝権力〟。おっしゃる通り人間の性です」

押井　人間はそういう生き物です。ふたりになった瞬間から権力は生まれるし、権力がないから欲望を隠しているに過ぎない。権力は人間の三大本能のひとつ。食欲、性欲、そして権力欲です。

――その欲望のすべてが凝縮されたドラマが『ゲーム・オブ・スローンズ』ですね。

押井　あのドラマでピュアなのはジョン・スノウくんだけじゃない?

――そうかもしれない。だからつい、がんばれーと応援したくなるのかも(笑)。

押井　いや、だから、三大本能のひとつなんだから、権力をもった途端、バリバリになるのは当たり前です。政治家に限らず映画関係者であっても人気が出ると影響力をもつから、ある種の権力を発揮する。わたしだって微々たるものだけど、それなりに通用する権力もあったりするわけです。わたしが辻本（貴則）に仕事を紹介できるというのは、言ってみれば権力ですからね。権力を行使するときに、その者の人格が表れるだけで、権力を行使することに関しては当たり前。むしろ、行使しない権力には何の意味もない。

――使い方が問われるんですね。

押井　それに、権力はどんな人間ももっている。**自分の人生に関する権力は、当人以外もってないから。**いわゆる権利ですよ。

人間は、その自分のもっているささやかな権力を維持するために、より大きな権力に従っているだけ。つまり、権力というのは連鎖する。それも上に行けば行くほど大きくなっていく。その段階になると、自分の思うようなことが行使できる。そのときですよ、人間性が問われるのは。

――権力をもった人の中には、自分の周囲をイエスマンで固める人もたくさんいますよね。

押井　それこそジブリですね。完全な権力構造だから(笑)。

でも、権力は必要です。動物の世界にも権力はある。リーダーの存在がそう。リーダーのいない群れは滅びるから。それは人間社会も同じだけど、人間の場合、権力を私的に流用したがる人も多い。この相談者が言っているのも、そっちの権力のほうですよ。

権力は基本、パブリックのものとはいえ、家の中で親父がいばっているのと同じ次元で考えてしまう人がいるから面倒くさいことになる。いわゆる公私混同です。

——そうですね。

押井 だから、この相談の答えは「人間とはそういうもの。ただし、公私混同には気をつけろ」です。

——簡単ですね。

押井 それ以上ないですよ。「まぎれもなく人間の性」ということです。

——あとは『ゲーム・オブ・スローンズ』を観れば、人間の欲望がよーく判る、ですね！

Q イヌに洋服を着せる飼い主をどう思いますか？

（会社員・20代・女性）

私が住んでいる地域には小型犬を飼っている人が多く、そのほとんどが洋服を着て散歩しています。先日の雨の日は、レインコートに雨靴まで履かされているイヌを目撃しました。そういうイヌを見るにつけ、複雑な心境になってしまいます。果たしてそれでイヌは幸せなんだろうか？　と考えてしまうからです。最近は、ペットショップがオープンして、先日は「ワンちゃんのバースデーケーキ、承ります」とありました。イヌ好きの押井さん、こういう飼い主ってどう思いますか？

A 「いいと思います。イヌを人間のように扱って、どこが悪いんだと言いたい！」

押井　着せればいいんじゃない？

——押井さん、それＯＫなんですね!?

押井　何で？　全然いいですよ。この相談者はイヌを飼ったことがないから、こういうことを言う。イヌだって年を取ったら寒いんです。わたしもガブにコート、着せていたから。

——巨大なバセットにコートを着せるの？　服を着せるのは小型犬だけかと思ってました。

押井　バセット用のコートも売ってます。この世にないものはない。探せば必ずあるわけで、バセット用の車椅子もあった。アメリカで受注生産していて、そのイヌのサイズに合わせて作ってくれる。ガブの腰が抜けたときにオーダーしました。

——お値段、はりそうですね。

押井　でもガブは、車椅子ができ上がる前に立ち上がったから、結局は使ってない。ひたすらレーザー治療を続けて、それから5年くらいは自分の足で歩いてた。レーザー治療のほうが、車椅子代の10倍以上したけどね。車1台分くらいかな。うちはイヌネコにかけるお金はケチらない主義。それが病気や怪我なら尚更ですよ。

――イヌにレインコートはさておき、雨靴というのはどうなんです？

押井　それ自体は間違ってない。雨の日は肉球がふやけちゃうから靴はあったほうがいい。でも、雨の中、わざわざ連れ出すことはないと思う。イヌの肉球はデリケートなので、夏の暑い日にアスファルトの上を散歩させるなんて論外です。そんなことしたら軽い火傷を負っちゃうから。真夏の砂浜もありえない。めちゃくちゃ熱くて火傷しますよ。

――私の住んでいるところも住宅街のせいか、小型犬を連れている人がたくさんいて、それぞれお洋服を着せてますね。私もこの相談者と同じで、「なんだそれ？」って感じです。

押井　愚かな飼い主の典型だと思っているんじゃない？

――はい。お揃いのコートとか、ありえない。それに、何だか見栄を張っているようにも見える。

押井　イヌを人間のように扱うなと言いたいんだよね？　でも、わたしに言わせれば、そうやってどこが悪いんだ、ですよ。さっきも言ったように、イヌのためなら寝食を犠牲にしてもいいんです。

昔、ある女優が「私はイヌが好きだけど、必要以上にお金をかけるのは大っ嫌い」と言っていた。つまり「私は愚かな飼い主になる気はない」と言いたいんです。ハンパに頭がいい人ってみんな、そういう発想をする。自分の子どものようにかわいがる飼い主が愚かしく映るんだろうね。でも、バカになればいいの。親バカにならないなら、子どもを作る意味がどこにあるのか。

──「子どもを作る」と考えるんですね。だから、いろいろしてあげるんだ。でも押井さん、イヌが「このお洋服買って？」とおねだりしているわけじゃないんですよ？

押井 人間の子どもだって同じじゃない。もの心つく前は「これ買って」なんて言わないのに、親は買っている。それと同じですよ。親が、寒いから暖かい服を買ってあげようというのと同じ。子どもなんだからユニクロで十分という親もいれば、ミキハウスで買ってあげたいと思う親もいる。その人の経済力に合わせて好きなことをやればいいんです。どこに問題がある？

──イヌ、嬉しいんですか？

押井 イヌは飼い主が喜ぶことは何でも喜びます。

──じゃあ、ワンちゃんのバースデーケーキというのもアリ？

押井 問題ないです。食べさせたければ食べさせればいい。相談者の言っているケーキはイヌ用でしょ？　だったら、何の問題もない。

──これ、飼い主も同じものを食べるの？

押井 美味しくないです。

──押井さん、食べたことあるんですか？

押井 イヌに食べさせるものは基本、わたしも食べてみますから。ドッグフードも一応、かじってみる。どんなものなのか、飼い主としては確認しておきたいから。ドライフードはさておき、カンヅメやレトルト系は、醤油をかければおかずにもなるくらい。それなりに食べられる。

——私はキャットフード、食べたことはないですが、ネコのおっぱいは舐めたことがある。直接じゃなく搾乳して。子ネコがあまりにもおいしそうに吸っているので、ちょっとだけ。ネコのおっぱい、何となくおしっこ臭かった。こんなまずいの飲んでんだって(笑)。

押井　わたしはガブのおっぱい飲みましたよ。わたしはしゃぶりつきました(笑)。しょっぱかったね。

——押井さんは、イヌを擬人化しているのは好きじゃないと思ってました。

押井　擬人化は大嫌いですよ。

——防寒で洋服を着せたり、肉球保護のために靴というのは判りますが、フリフリの服を着せたりするのは擬人化じゃないの？

押井　それは、イヌをちゃんと飼ったことのない人の考え方なんだよ。真剣にイヌと向き合っていたら、擬人化なんてしようがないことが判る。たとえフリフリの服を着せようがイヌはイヌ。人間と違うところが、わたしにとっては愛情の対象となりえるんです。

——うーん、よく判らない。擬人化と擬人化じゃないかわいがり方ってどう違うんですか？

押井　わたしが言っている擬人化というのは、映画のなかでイヌにキャラクターを演じさせることです。もちろん、アニメの擬人化は問題ないよ。でも、実写映画の中で、人間の都合に合わせてイヌを使うのが大嫌い。名犬ものだと、悪いヤツをやっつけたりするでしょ？　あれが許せない。イヌが出てくる映画は基本、観ているけど、『三匹荒野を行く』（63）みたいな映画は絶対観ない。イヌに名犬も駄犬もない、イヌはイヌ。人間にとって都合のいいイヌを名犬と呼んでいるだけですよ。野良イヌは嫌いだけど、血統書付きは好きとか言うのは、イヌ好きとは言えませんから！

――判りました！　では、この答えは「いいんじゃないの？」ですね。

注：『三匹荒野を行く』：2匹のイヌと1匹のネコが、主人を求めて300キロの過酷な旅に出る。イヌはラブラドールとブルテリア、ネコはシャム。

Q 除菌のCMが多すぎると思うんですけど

（公務員・30代・女性）

先日、友人の家に遊びに行ったら、玄関先でファブリーズを渡され、ソックスを除菌してくれと言われて驚きました。聞くと、TVのCMを見ていたら、ばい菌が怖くなって、いつもそうしていると言っていました。確かに最近、TVのコマーシャルでは除菌に関するものが多く、布巾でテーブルを拭くと、菌を拡げているだけというような内容を、菌がウヨウヨしたような映像で見せられますからね。日本はちょっとした除菌ブームなのでしょうか？　菌に対してはやはり、過敏に反応したほうがいいのでしょうか？　私もそれ以来、気になっています。

A 「日本人のテーマが〝健康〟だけになったせいで除菌のCMが増えたのでしょう。でも、身体の内側は菌だらけですよ！」

押井　除菌ですか……したことないけど、帰宅したらいつも手は石鹸で洗ってる。風邪を引きたくないからだけどね。

アタミの自宅にも、いたるところにアルコール除菌スプレーは置いている。5匹のネコのためで、もしいなかったらそんなことしませんよ。CMに関しては、わたし、地上波が見られない状況なのでよく判らないかな。わたしが見るのはCSのプラセンタのCM。なぜかとても多い(笑)。

——確かに、除菌系のCMは多いですよ。相談者が言うように、菌がウヨウヨしているようなイラストを使って、視聴者をばい菌恐怖症に陥れている感じはします。

押井　そうやって身の回りは除菌しても、自分の身体の内側は菌だらけですよ。数え切れないくらいの菌がいて、そのおかげで生きている。菌がなくなったら死んでしまうけど、そういうことは知っているのかな？

――どうなんでしょうね。お母さんたちが過敏になっていて、いまでは砂遊びもやらせないと聞いたことがある。もし、飛行機の中で細菌がばらまかれたら日本人の子どもが真っ先にやられるだろう、なんて話もありますよね。アメリカは家の中でも土足だから、菌に対する免疫ができているんじゃないですか？

押井　わたしの子ども時代なんて、砂遊びどころかドブ遊びですからね(笑)。

――この本の表紙写真くらいの時期ですね(笑)！

押井　そうそう(笑)。でも、本当は男の子のほうが弱く、ある年齢に達するまでは男のほうが生存率は低い。これは人間に限らず、自然界はそうなっている。人間で男が強くなるのは、身体がある程度でき上がってから。

――男性が力を誇示するの、その辺の反動もあるんですか？

押井　いや、そういうことしかやることがないから。テーマがないので仕方ない(笑)。わたしもいつも姉ちゃんに言われてた。「男はバカだ。守は本当に男の典型だ」って。男は女性のように自己完結してないから、そうやって力を誇示したりするし、官能に目覚めにくい。でも、逆に目覚めると、女性以上に色っぽくなる――姉ちゃんに言わせるとね。

――なるほど！　でも、押井さんはまだ色っぽくないですよ。

押井　普段はそうかもしれないけど、空手をやっているときは、多少なりとも官能的なのではと思っているんですが。身体を使うときが一番判りやすい。ケンカ大好きというヤツがいるけど、あれはケンカに官能性があるからですよ。

――相手と身体がぶつかり合うからですか？

押井　身体と身体をぶつけて流血し、ドーパミンが出まくって苦痛が苦痛じゃなくなる。終わってみると骨が折れていたとかよくあるけど、ケンカの最中は全然判らない。もうイッちゃってるわけです。身体を使うと、生理的に色っぽくなるから。男が闘争好きでケンカもするのは、日常生活でそういう官能性がないからです。

――女性の場合は日常に官能性があるんですか？

押井　女性の場合はわたしには判らないけど、姉ちゃんに言わせると、女性の存在自体が官能なんだって。女性は、自分の身体を意識することが多いからじゃないの？

――かもしれませんね。だからダイエットしたりおしゃれしたり、化粧したりする。

押井　男は40、50歳過ぎたらみんな不機嫌とよく言われるけど、その理由は、面白くないからです。人生にテーマがないから。若いときは若いなりに夢中になるものがあるけれど、50歳にもなるとそういう気持ちも薄れてしまう。だから面白くない。

――また「テーマ」ですね。

押井　「テーマ」の話になるのは仕方ない。なぜなら、人生相談というのがまさにそれだから。悩んでいる人のほとんどにわたしが聞きたいのは「で、あなたの人生のテーマは何？」ですから。それが判らないから悩んでいる。

——私も別にテーマはないですが、大きな悩みはないですよ。

押井　麻紀さんには映画があるからですよ。わたしには映画もあればゲームもある。そうやって何かに夢中になっている間はいいけど、いずれ映画も観られなくなる日が来るし、ゲームをやれなくなる日も来る。では、最後に何が残るのか？　わたしは目下、それを考えている。

——最後はきっとネコですね。ネコと一緒に日向ぼっこ。

押井　イヌとネコしかないかもね。ジジイがネコ抱いて、タバコ吸っているというような図、昔から憧れていたから。そのまま死ぬんだったら最高です。

——話があらぬ方向に行ってしまいましたが、相談は除菌についてですよ。

押井　それっておそらくプラセンタのCMと同じ。要するにいまの日本人のテーマは「健康」しかないということです。

——言われてみれば健康系、めちゃくちゃ多いですね。ダイエットとか青汁とかセサミンとか。TV番組もバラエティー仕立ての健康番組がとても多い。あとは匂い系。体臭とか口臭とか汗とか。季節も関係しているでしょうけど、とにかく身体にまつわるものが多い。

押井　そういうのをまとめて「健康系」というんです。みんな快適に暮らしたいからであって、それが日本人のテーマなんです。**いまの日本人には、理想とか目指すものがなくなったから、ひとま**

ず「**健康**」ということになっている。

確かに昔はあった。戦前は世界の一等国になろう。戦後は民主国家、文化国家として世界に貢献しようとかね。わたしの小学生時代は真面目にそう思っていたから。かつてはそういう目的が、建前としてはあったんですよ。でも、いまはカケラもない。

では、いまの日本人は何をテーマに生きているのか？　それをスパっと答えられる人はほとんどいないいんじゃない？　要するに、いまの日常をそのまま継続したいだけ。昨日のように今日を生きて、今日のように明日も生きたい。できれば健康かつ清潔に。強いて言うなら、それがテーマなんです。

——ということは、私たちの思考をCMは反映して、似たようなものばかり垂れ流しているわけですね。

押井　国民がそういうものを求めているから、そういう商品が作られコマーシャルが流される。

——アメリカはどうなんでしょうね。

押井　アメリカは「金持ちになりたい」とか「成功したい」ですよ。それは昔と変わってない。

——〝アメリカン・ドリーム〟という言葉はまだ死語じゃないんですね。

押井　（ジェームズ・）キャメロンも「映画の成功だけじゃなく社会的な成功も成し遂げて、初めて両輪ができあがる」みたいなことを言っていたから、もっとアグレッシブですよ。

でも、日本は現状維持。東京も江戸の大火、関東大震災、東京大空襲と何度も、被災して焼け野原になったけど、結局同じような街を作ってしまった。都市計画なんて考えてもいない。とても日本人的だと思うよね。

——どこが日本人的なんですか？

押井　日常以外に興味がないんです。でも、これは悪いわけじゃない。だからこそ、細かいものとか繊細なものを作りたがるし、そういうディテールが大好き。言葉にも同じようなことが言える。ひとつの言葉にさまざまなニュアンスを込めたがるのも日本人の特徴。これだけ細かく言葉を使い分けているのはおそらく、日本人だけじゃないの？　そういう小さなことになぜ気づけるのかといえば、日常が保証されているからにほかならない。

——日本人の資質や環境が、最初からオタクに向いていたんですね。

押井　そうそう。ディテールが大好きだから、アニメーションのようなディテールしかない仕事にはとても向いている。もう日本人のためにあるような仕事(笑)。

——アニメは判りますが、なぜ日本は実写になると大雑把になるんですか？

押井　お金がないからに決まっているじゃない。みんなちゃんとした映画を作りたいけど、お金がついてきてくれないんですよ！　もちろん、ないなりにがんばればいいけど、そういう映画を観たい人はあまりいないという現実もある。そもそもいまの日本の観客の95パーセントは役者が観たいだけ。アニメだってキャラクターだけですよ。

——確かにねー。ジャニーズのタレントが出ているような映画の試写状を見ると、監督の名前はそれこそハズキルーペでも使わなきゃ読めないくらいにちっちゃいですから。試写状でもはっきり謳いこまれている日本人の監督って、もしかしたら原田眞人くらいかも。作品のできはさておき、それなりにヒットさせているからでしょうね。

押井　昔と違うのは、いまはメディアが発達して、そういうCMなんかが同時に大量に流れるから、見るほうもその気になってしまうんですよ。

だから、この相談者への答えは「身体の中は菌でいっぱい！」ですね。

注：原田眞人（はらだ・まさと）：1949年生まれ。映画監督。代表作に『突入せよ！あさま山荘事件』（02）、『関ヶ原』（17）、『検察側の罪人』（18）など。

Q　ノラネコにエサをやるのはだめですか？

（30代・会社員・女性）

近所のノラネコ数匹にご飯をあげていたら、オバさんに叱られました。「飼って世話をするつもりがないなら、やるな！」「エサをやる人がたくさんいるから、庭にウンチやおしっこをされて困っている」ということでした。思わずネコに、「冷たいオバさんだねー」って言っちゃったんですが、ノラネコにエサをあげることは、そんなに悪いことでしょうか？　私は置きエサはやっていません。ネコが食べ終わるまで見届けて、片付けています。ちなみにそのオバさん、巨大なゴールデンレトリバーを飼っています。

A

「こういうオバさんは正義の味方のつもりですから、何を言っても平行線です。ゲリラ戦でノラにご飯をあげましょう！」

押井　こういう話もよく聞きます。そして、この手のオバさんが言う言葉も、もはや常套句です。「エサをやるんだったら、自分の家に連れて帰って飼いネコにしろ。それができないのならエサやりはするな」。ゼロか100かを迫る。もちろん、相手はノラなので、家に連れて帰るなんてほぼ不可能。ネコは1週間でもノラ生活をしてしまうと、飼いネコに戻るのは難しいといわれているくらいですからね。

――かぐや姫が出した結婚条件と同じじゃないですか？　結婚したくない求婚者に、まず不可能だろう難題を突きつける。まさに〝ミッション：インポッシブル〟な課題ですよね。

押井　こういうオバさんとはいくら話し合っても無駄です。妥協案なんて出てくるはずがない。この手のオバさんは、自分は正義の鉄槌を下していると思い込んでいるから。それもかなり強く。考えを変えることなんて、それこそ〝ミッション：インポッシブル〟。

――オバさんの正義ってなんですか？

押井　共同体の秩序を維持する上で、自分は正しいことをしているという思い込みですよ。

――でも押井さん、ネコにとって、とりわけノラネコにとってはそんなこと関係ないじゃないですか。ノラネコがおしっこするとき、ここは押井さんの家の庭だからいい、なんて考えるはずがない。ネコにはまったく関係ない、人間が決めたルールですからね。それをぎゃあぎゃあ言っても仕方ないと思うんですけどねえ。

押井　だから、ゲリラ戦ですよ。話し合いはありえないので、このオバさんの目を盗んでエサをあげる。それしかない！

それにこの手のオバさんは、たとえ自宅の庭にノラがおしっこしなくなったとしても、ネコのエサやり現場を目撃したら同じことを言いますよ。自分は正義の味方のつもりだから。

――うわー、はた迷惑というかノラネコ迷惑。

押井　アタミでも、そういうオバさんかオジサンが仕掛けたに違いない、恐ろしい事件があった。アタミの家の近所にネコをたくさん飼っている、いわゆるネコ屋敷があって、わたしはそこの主人とは知り合いでもあったんです。あるとき、その人から毒エサをまかれたという情報が入ってびっくり。わたしはすぐさまポスターを大量に作ってあちこちに貼りまくった。おそらく犯人だろうと思われる人物の家の近くには集中的に貼りまくった。「毒」と書いた真っ赤なインパクト大のポスター。さすがにもうやめるだろうというくらいに貼りまくったんです。

——それは怖すぎ。毒エサとか、誰が口にするか判らないじゃないですか。

押井　もしイヌが、散歩中に食べたらどうしてくれるんだ、ですよ。そういうことを平気でやっちゃう人間は、そもそもそういう危険性をまったく考えない。イヌもネコも嫌いで、おそらく動物系はみんな嫌い。だから平気でそんなことをやっちゃう。そういう人間とは個々に対処するしかない。なぜこんな人間が出てきたかと言うと、それも清潔志向です。異物を排除したい、地域の思想にそぐわないものは消してしまおう。それが市民生活のルールだと思い込んでる。たとえそれで動物が死んでも、本人は正義の鉄槌を下したつもりになっているから始末が悪い。

ゴミ出しオバさんと似たようなもの。違う日にゴミを出すと、ドアをノックするようなオバサン。もめているという話を、よく聞くでしょ？

——いや、ゴミは生きてないからいいんですけど、ノラネコは生きてますからね。ノラネコとゴミを同じに扱われたら困りますよ。

押井　いや、そういうオバさんにとっては変わらないんです。だって、自分では公徳心だと思っているから。ネコ好きからするととんでもない話だけど、世の中の半分はネコが嫌いだと思ったほうがいい。決して解決しないからゲリラ戦になるんです。正規戦をやったら勝負はつかないし、ヘタしたら保健所に通報されてしまう。ゲリラでもパルチザンにでもなって対抗する。最優先すべきはノラネコを飢えさせない、ですから。

――そうですね。飢えさせてゴミを漁ったりさせたら、またオバさんが張り切っちゃうから。

押井　そんなオバさんをギャフンと言わせたいというのは余計なこと。ノラネコを守ることに徹すればいいんです。最近は、散歩中のイヌのおしっこにも文句を言う人がいるけど、だいたいそういうオバさんが多い。

――うちの近所にもその手の貼り紙がありますね。イヌの散歩をしている人はペットボトルを持って、イヌがおしっこをしたら水をかけてきれいにしてる。

押井　さすがにアタミの山の中にはそういう人はいないけど、これも清潔志向の表れですよ。

――もうひとつ、最近の話で気になったのは、保護猫をもらい受ける場合の審査がとても厳しいということです。ある程度年齢のいった、ひとり暮らしの人には譲ってくれないと聞きました。結局その人は、ペットショップで買わざるを得なかったらしいですよ。せっかく飼いたがっているのにと思ったんですけど。というか、そうやってふるいにかけていたら里親が見つからず、そのネコはどうなるんだろうって。

押井　そういう基準は地域によって違うけれど、里親が見つからなくても、その施設で暮らせるんじゃないの。ペットショップにいるような血統書付きじゃない、雑種のネコが欲しいなら里親会に連絡すればいいんですよ。

わたしは『立喰師列伝』(06)を作ったとき、その辺のことをいろいろと調べてみた。なぜ審査を厳しくするかというと、イヌネコを商売でもらって行く人間がいるから。彼らは研究所とかに売り飛ばすんです。バイトで雇われている者もいて、優しそうなふりしてネコをもらい、バイト先が企業に売る。そのネコは、目にシャンプーを入れられたり、新薬を投与されたりといろんな実験に使われるんです。バイトのヤツは直接売ってないので心も痛まないから、またやろうとする。アメリカだと、そういう実験動物の解放戦線もあって、夜中に施設に侵入し、カギを開けて動物を解き放ったりと結構、過激。わたしも一回、そのネタで仕事をやりかけたことありますよ。

日本はまだ動物実験に対しては緩い。イギリスはそういう運動の発祥国だから、相当に厳しい。

——それを聞くと、日本も早くイギリスに準じて欲しいと思いますけどね。

押井　やめる方向には行っているけど、まだまだ。ほかにも実験のやり方があるものの、動物実験がもっとも簡単だからなんだよ。よく使われるのはハツカネズミで、発がん性のあるものをガンガン食べさせて肝臓がどれだけ病変するかを調べたりしている。そうなると、これがイヌネコだったらダメで、ハツカネズミはいいわけ？　という問題も出てくる。

じゃあ、なぜハツカネズミかと言えば世代交代が早いから。サイクルの早い動物は実験動物に向いているからですよ。ネズミだから量産できるというんじゃなくて、遺伝を見られるから。サイクルが早いので遺伝子レベルの確認もできるという利点がある。そういう科学的な根拠もあってハツカネズミを使っているんです。

動物実験がすべて禁止になったら、人間は犠牲を払わないといけなくなる場合もある。それだけの覚悟が人間にあるかという話になってしまう。

――そうかー。でも、仕方ないですよね？

押井　わたしも人間が代償を払っても構わないと思っている。動物実験をやめろと思っていますから。わたしの立場はわりと原則的で、**人間の問題は人間で解決しろ**という考え。もし実験したいのなら、お金払ってアルバイトを雇えですよ。目にシャンプーを垂らす実験、20万円ならやりますよという人がいてもおかしくないでしょ？　そういう場合はサインしてもらって自己責任にするんです。

――人間は自分の意思でそうできるけど、動物は無理やりですからね。

押井　そういうことを許していると、それこそモラルハザード（倫理の欠如）になる。動物愛護というのは、動物がかわいそうという話だけではなく、人間のモラルを守るためにも必要なんだというところから発している。これはとてもイギリスらしい発想です。恵まれた人はボランティアをやるというのはイギリスの貴族階級が始めたこと。貧民がかわいそうということよりも、自分たちが社会義務を果たしているところを、世の中に周知させるためにやっている。だから良家のお嬢さんが中心になっているんです。これがソーシャルワークですよ。

こういう問題は原則に立ち返ることが重要になる。感情論でやると大変なことになってしまうから。ネコ嫌いや動物嫌いに憤慨して行動するとろくなことにはなりません。

——イヌは好きだけどネコは嫌いという人や、その逆もいますよね。そういう人は動物好きと言えるんですかね？

押井　わたしの身近にいるある人物は、本当にいろんな動物を飼ったんですよ。それこそウーパールーパーからナマズに至るまで。イヌネコは当たり前で、ドワーフうさぎも飼っていた。

——それはすごい。ちゃんと世話してたの？

押井　それが問題なんです。彼は動物と遊びたい人で、飽きてしまうと、捨てないまでも面倒を見なくなる。

——遊んでいたら愛情がわきません？

押井　普通はね。でも、不思議なことに彼はそうじゃないらしい。飽きたイヌだと、エサはあげるけど、庭につなぎっぱなしで散歩にも連れて行かない。あとはウンチを拾って終わり。かわいそうなので、こっそり面倒を見ていて、飼い主が留守のすきにシャンプーしたり散歩させたりしていた。それが原因で当人とは絶縁しちゃったんだけどさ。

——うわー、それはかわいそう。とりわけイヌはご主人様命だから罪深いですよ。

押井　だから、動物好きと言っている人間にもいろいろいるということです。この男は動物が好きなんじゃなくて、動物と遊ぶのが好きなだけ。そしてそういう人は実はたくさんいる。イヌの立場、ネコの立場になって考えられる人はそうたくさんはいない。そういう人が本当に動物の味方なんだと思うけどね。

動物に関わる問題は一筋縄ではいかない。わたしは一度は扱ってみたいと常々思っていて、そういうときにポン・ジュノから話をもらい、俄然やる気になったけれど結局、ボツにされてしまった。

——『オクジャ』のアニメーション版ですね。

押井 まあ、それは「動物を食べることってどう思いますか？」という相談で詳しくしゃべっているからここでは省くけど、動物モノはやってみたい大きなテーマのひとつ。やっぱり動物に関するモラルの問題は本当に難しくて、いろんな問題が抜け落ちているから。「スーパーマーケットの食品売り場から、水洗トイレまで」というような言葉、聞いたことがある？

——いや、ないです。

押井 **現代人は、スーパーの食品売り場から、水洗トイレまでの人生しか生きてないという意味**です。パッケージ化された肉がどこから来ているのか気にしないし、トイレで流したものがどこに行くのかも気にしない。要するに生の全体性が失われているということです。昔の人は、食べるものをどこで手に入れ、排泄物をどこに捨てるのかまでを含めて生きていた。現代人は、そういう全体性が失われた人生を送っているから、いろんな部分が抜け落ちてしまうんです。

ところで麻紀さん、イヌ好きなのかネコ好きなのか、イヌの味方かネコの味方か、自分の胸に手を当てて考えてみて。

——ネコです。

押井 麻紀さんはそうだよね。だったら、同じようにイヌに対しても振る舞えるか。

――ネコと一緒のようには難しいかもしれませんが、もしイヌが困っていたら助けますよ。この前は実家の庭に来たタヌキを助けるため四苦八苦したので、基本、動物は助ける方向です。

押井　わたしもタヌキは助ける。わたしは基本、哺乳類は大好きですが、爬虫類は大嫌い。昆虫についてはどちらでもないかな。

わたしの好き嫌いの基準はエロスです。それに対してエロスを感じられるかどうか。爬虫類には絶対感じないから嫌いだし、昆虫も感じない。魚も感じないなー。温かいものがいいんですよ。温血動物がいい。抱っこできるじゃない。**モラルの問題では線引きが難しいから、エロスの問題で線引きしている**わけです。

――でも、目の前に爬虫類が来たからって殺さないでしょ？

押井　一目散に逃げます。殺すなんてありえないでしょ、普通。わたしのエロス基準で行くと、相談者のオバさんは、イヌにはエロスを感じて、ネコには感じないわけだ。

ただささ、その犬種はちょっと気になるよね。ノラネコにそういう態度をとる人が、値段の高いイヌを飼っていると半分はステイタスの場合があるから。ゴールデンレトリバーはその最たるもの。「うちは、こんなイヌを飼えるくらいに大きくて、経済力があるの」と言いたいのかもしれない。こういう人は、雑種には目もくれないんじゃないの。

――あ、ノラネコが雑種だからかもですね。もし、こういうオバさんが増えてノラネコが絶滅させられたらどうしようと思いますよね。野良イヌと同じように絶滅させられちゃう。

押井　そうです、野良イヌは政府によって絶滅させられたんです。最初の東京オリンピックが開催される前に、国家イベントとして毒殺した。夜中に毒入り団子をばら撒いて、食べたイヌを朝までに回収する。人目のつかないところでこれをやって、何万頭も殺したんです。いま東京に野良イヌがいないのはそのためです。あとでこの蛮行が発覚したとき、もう非難ごうごうだった。国内のみならず海外からも。近代的で美しい東京を見せようとしたのに、逆にボロを出したんです。日本人は動物に対するモラルが判ってないから、そんなことになった。いまでもその点は曖昧だと思う。肉食をずっと続けてきた西洋と日本の差だよね。

——それに日本人って体裁ばかり気にしますからね。

押井　そのオバさんはまさに体裁だけですよ。庭のあちこちでウンチするから殺してくださいと言っているようなもの。ウンチなんて気づいたら埋めればいいだけでしょ。ネコのなんてちっちゃいんだから、大した手間でもないでしょ。

——押井さん、来年はまたも東京オリンピックですよ。ノラネコちゃんたちは大丈夫ですかね。

押井　さすがに大丈夫だよ。もしそんなことをやったら国際社会が絶対に許さないから。世界中から総スカンになりますよ。

だから、ノラネコに関しては個別の対処の問題で語ったほうがよろしい。なので、この相談者への答えはゲリラ戦です。こんなオバさんとは一生判り合えませんから。

Q 人間はどうしたら、自分たちの愚かしさに気づくのか

（学生・20代・男性）

新しい『アバター』が公開されると聞き、13年前の最初の『アバター』を観返しました。人類がパンドラという星に希少な鉱床を発見し採掘すべく、先住民のナヴィ族を追い出そうとする物語です。最初に観たときはそうでもなかったのですが今回、その人間の邪悪さに反吐が出そうになりました。地球を痛めつけ、住めなくしたのに、ほかの星でも同じことを繰り返しているからです。

最近は環境破壊によって起きる気候変動が顕著なこともあり、映画のなかで描かれていることが他人事ではないと思ってしまいました。人間はどうしたら、自分たちの愚かしさに気づくのでしょうか？

A **「人間は自分の愚かしさに、気づくはずがない！気づかないから『アバター』がシリーズ化されているんです」**

——今冬を襲う大寒波も温暖化や気候変動のせいだと言われていますから、確かに他人事ではない問題です。

押井　「人間はどうしたら、自分たちの愚かしさに気づくのか」って、気づきません。気づくはずがない。

——押井さん、それが答えですか？

押井　そうです。だって、何千年も繰り返してきたんだよ。明日明後日に変わるはずがない。人間の歴史はその繰り返しだから。同族を収奪し殺戮した者たちも、コンキスタドーレス（16世紀に中南米などを征服したスペイン人たち）だろうが、西部劇の世界だろうが全部同じ。そういう蛮行の上に欧米の文化は成りたっているんだから。かつてはヨーロッパ内でも、アングロサクソンやゲルマンがガリア人やケルト人を駆逐したしね。日本ぐらいですよ。そうやって大々的に同族を駆逐してないのは。いつも言っているけど、日本で内戦の経験がないというのは決定的なこと。日本人が隣人と上手く付き合い、平和な日常のなかで暮らし、ちょこちょこと細やかなことをするのが大好きなのは、そういう経験がないからだと、わたしは思っている。最近は年を取ったせいもあるのか、それもいいかと思うようになったけど(笑)。

——押井さんは『アバター』(09)をエコロジカルな映画ではなく、ニューシネマの系統だとおっしゃっていましたね。

押井　アメリカン・ニューシネマであり、やっぱり西部劇。原始的な暮らしを営む青いナヴィ族は間違いなくネイティブ・アメリカンだよ。最新の技術を使ったSFでありつつ、その内実は西部劇のインディアン討伐映画。そういうのを自己批判したのがニューシネマだから。

――そういわれると『ソルジャー・ブルー』(70)とか思い出しちゃいますけどね。

押井 まさにソレです。おそらくキャメロンも意識して作っている。キャメロンってカナダ人でしょ? ハリウッドの外様的存在だった彼が、アメリカン・ニューシネマをリブートしてみせた、というのがわたしの考える『アバター』。キャメロンの『ソルジャー・ブルー』みたいなもんですよ。

――『ソルジャー・ブルー』は騎兵隊の連中がネイティブ・アメリカンを惨殺する、実際に起きた事件をベースにした映画です。私は高校生のとき観て、凄まじいレイプシーンや暴力シーンに唖然。いまでも強烈に憶えています。

押井 あの時期のアメリカらしい映画。ラストの殺戮シーンにベトナム戦争を重ねているわけです。アメリカ人は、先住民を殺しまくって自分たちの国を作ったけど、ベトナムでも同じことをして失敗したという映画。小川徹(『映画芸術』の編集長であり映画評論家)は、そういうニューシネマに対しては大変辛辣で、「若造監督たちがそんな映画作ってどうにかなると思っているなら、考えが甘すぎる」。そして、「(ロバート・)アルドリッチのようなハリウッドの本流の監督たちの闘い方を見習うべきだ。彼らは権力の内側から闘ってきた」。つまり、大義名分をかざすのではなく、ちゃんとエンタテインメントの世界で闘っていたんだよ。

――確かに、アメリカン・ニューシネマと呼ばれる映画の多くはエンタテインメント度が薄く、今観るとこっ恥ずかしい作品が多い。

押井　だから時代が生んだ産物なんです。「人間は気づかない」というのは、このまえのワールドカップだけでも判るじゃない。平等を謳っているFIFAが、人種差別の塊で、LGBTQなんて一切口にするな、この前までスタジアムに女性を入れるなと言っていたカタールで開催したのは、ひとえに金のためですよ。「愚かしさに気づくんでしょうか？」って、気づかないから『アバター』のような映画が成立しているの。話が逆！

――キャメロンは『アバター』を全5部作で作るつもりのようですよ。もちろん、ヒットが続けばなんでしょうが。

押井　ほら、キャメロンも判っているんだよ。「どうせ何も変わらないからずっと作り続けることができる」と確信しているんです。それに、そういうこと、映画のなかでやっている分には安全だから。観客は観ている間、そういう気分になるだけ。いつも言っているじゃん。社会派のようなこと、人々を啓蒙しようとするようなことを映画のなかでやっても無駄。映画がやるべきことは表面的な社会批判じゃない。もっと挑発するべき。観客の心を逆なでするような映画を作るべきなんです。

――たとえば、どんな映画ですか？

押井　最初の『猿の惑星』(68) はそんな映画の1本だと思ったよ、当時はだけど。猿が人間を奴隷にするという、それこそSFや映画のなかでしかできないことをやっていた。ただ猿が人間を奴隷にしているという話だけだったら単なる虐待もの、ただ立場を逆にしただけのパラレルワールドものくらいの映画で終わってしまうけど、あの作品は最後にサプライズを用意した。海岸の砂浜から頭と腕が飛び出している自由の女神像を見せた。そのエピソードがあるからこそ、ピエール・ブールの原作よりもロッド・サーリングの脚本のほうがいいんだよ。だから、猿が人間を支配している異次元の話じゃなくて、実は地球だったんだということになる。それこそがフィクションの面白さ。最後に一瞬立ちすくませるんだから。これが重要。泣かせるなんてのはダメ。すぐに涙は乾くから、そうやって息を呑ませ、立ちすくませなきゃいけない。

——でも押井さん、私は子どものころ、『猿の惑星』を初めて観たとき、猿たちがずっと英語を喋っているので、「ああ、ここは地球なんだ」って最初から思ってましたけど。とはいえ、あの場所がニューヨークだというのにはちょっと驚きましたけどね。

押井　麻紀さん、何を言っているの。それこそ〝映画のお約束〟じゃないですか！　ロシア人だろうがフランス人だろうがハリウッド映画だと、みんな英語を喋っていたし、東宝の特撮映画の外国人だってみんな日本語だった。最近ですよ、そういう言語を配慮し始めたのは。

——いや、まあ、そうなんですけどね。

押井　『2001年宇宙の旅』（68）も実はその部類なんだけどね。

——どこがですか？

押井　『2001年』は、有名な「狩猟仮説」に基づいて人類の歴史を語っている。それに気づいている人は少ないけど。人類は狩りをすることで、もっと言えば同族殺しを繰り返すことで〝人間〟になったという説ですよ。なぜ『2001年』で原始時代が必要だったかと言えば、その〝人間〟を語りたかったから。「人間は同族を殺すことで、宇宙に行くまでにのし上がった」ということを示すのが重要だったの。

詳しいことは（アーサー・C・）クラークの小説版を読めば判るし、わたしの『獣たちの夜』を読んで頂いてもいい。この小説はヴァンパイアという人間の亜種を描くことで、実は人間がいかにろくでもない人殺しであったかということを綿々と書き連ねているから。

——言われてみればそうだった気も……。

押井　ヴァンパイアなんてかわいいもの。殺戮を繰り返してきた人間の陰でコソコソ生きてきたにすぎない。それがあの小説の骨格ですよ。狩猟仮説について知りたいなら『獣たちの夜』を読んで頂くのがもっとも手っ取り早い。わたしが要約して判りやすく書いていますから！

——でも押井さん、それだったらダーウィンの進化論はどうなるんですか？

押井　最近、わたしが気に入っている学説は、今西錦司という日本人の学者が唱えた独特の進化論。子どもは親に教えてもらうことなくハイハイから二本足で立ち上がる。人類も同じ、立ちたいから立っただけ。草原では立ち上がったほうが有利だったからとか、立ち上がることで両手が自由に使えるからとか、両手が使えたからこそ武器を作ったとか、100も200も能書きをあとからくっ付けるのは科学的ではない。なぜ、人間は立ち上がったのか？　立ちたかったからだ、という進化論ですよ。

――普通にも聞こえますが……。

押井　その普通を誰も唱えなかったんだよ！　なぜなら、科学的じゃないということになっていたから。学者たちは、能書きを並べたほうが説得力があると思い込んでいる。

この学説のすごいところは、生物の進化は何がもたらすのかという問いに、外的要因ではなく、進化したいという欲求が、生物のなかにあらかじめ特性としてあるということを言っているからなんだよ。

それを合理的に説明しないと科学にはならないと思い込んでいるから科学者はダメなんだという話ですよ。合理的な説明ができると言うのは19世紀の科学の考え方。いまは違うんです！

――そういう考え方も進化して当然なわけですね。

押井　ダーウィンの進化論、社会的ダーウィニズムが何をもたらしたかと言えば、新たな差別の根源だよ。劣等種族は淘汰されるべきだ。欧米からすればアジア人やアフリカの人たちは劣等種族で、同じ白人であってもユダヤ人もそう。もちろん、精神障害者や身体的障害者も淘汰されるべきという考え方。

――それはもう、ナチスの思想ですね。

押井　ダーウィンはそうなるとは思っていなかっただろうけど、彼の信奉者はごくごく自然にそう

いう発想をした。動物や植物の進化を人間に当てはめるとそうなってしまう。いわゆる、適者生存ですよ。そして、人間がより高次の段階に進化するためには、劣等種族を淘汰させるべきだということになってしまう。

――そういう思想が当時はまかり通っていたわけですね。

押井　当時の科学者なんて全員レイシストだから。19世紀のヨーロッパはそんな世界。一応、言っておくけど、どんな科学者も思想家も、時代の制約のなかでモノを言うしかないんだよ。マルクスもレーニンも、フロイトだってみんなそう。20世紀初頭にかけてのヨーロッパのインテリゲンチャはみんなそうです。だから、いまの価値観で過去の人を裁くなというのはその通りで、それと同時に、当時を語るときに、その時代背景抜きに語っても意味がないし誠実さに欠くんです。

――なるほど……って押井さん、話が大きくずれてしまいましたよ。

押井　いや、ずれていません。深く語っただけです。だから、答えは「気づかない」です。そして、希望を付け加えるならば、**「過去の反省を踏まえた上で、今を考察すればいい」**。まあ、それができれば何も苦労はないんだけどさ(笑)。

注：『アバター』：3Dに燃えるジェームズ・キャメロンが当時の最新映像技術を投入して創造したSFファンタジー。架空の星、パンドラを舞台に先住民と人類のバトルを描く。13年後の2022年、続編となる『アバター：ウェイ・オブ・ウォーター』が公開された。

注：『猿の惑星』：猿に支配される惑星に不時着した宇宙船のクルー。そこは何と地球だった！ 衝撃的なラストが話題となってシリーズ化され全5作を製作。2001年にティム・バートンがリメイクし、2011年の『猿の惑星：創世記』から、なぜ地球は〝猿の惑星〟になったのかを描く3部作が作られた。

注：『2001年宇宙の旅』：スタンリー・キューブリック×アーサー・C・クラークによるスペースSFの金字塔。映像技術だけでも見どころがたっぷり。

Q 同調圧力が苦しい

（会社員・40代・男性）

私たちはいつになったらマスクを外せるのでしょうか？ 海外ではぎゅうぎゅう状態のイベントですらマスクをしていないので、そのギャップにびっくりしてしまいます。日本も岸田首相が「マスクは屋外では不要」とメッセージを出したのに、相変わらずほとんどの人がマスクをしています。マスクが嫌いというわけでもないのですが、この周囲をうかがう感じが苦しいんです。
(この相談は2022年秋に受け付けたものです。)

A

「同調圧力がイヤならひとりで抵抗し、少数派たる誇りをもて。でも、いつかマスクの使用を自分で決められるときが来ます」

——確かに「屋外はノーマスクでOK」みたいな発信がありましたね。実際、岸田さんはそのあと国会でもノーマスクだった。

押井 コロナ禍じゃないときから、マスクはわたしの生活の一部だったから、抵抗はないんだよね。喘息もちだし喉は弱いし、冬場はマスクを着けていることが多かった。奥さんも花粉症だから春はマスクを手放せない。マスクを着けて寝る時期もあったしさ。

——私はマスク、あまりしてませんでしたけど、マスクを着けるようになって、なんてラクチンなんだろうって。お化粧も手抜きでいいし、ほうれい線も隠せるし、冬は暖かいし。夏はさすがに暑いですけど。そもそも日本人は、春になると花粉対策でマスクをしている人が多いので、マスクに抵抗がない。でも、コロナ以前、海外でマスクを着けている人は見たことがないかもしれない。

押井　たとえばアメリカ的な考え方だと、なぜマスクで顔を隠すんだ、ということになるんだと思う。パーカーのフードを被っていると、思いっきり怪しい人になるのと同じなんじゃない？

——あ、確かに。アメリカ人って、エレベーターに乗っただけで微笑みかけてくるんですよ。向こうに住んでいる人にその理由を聞いたら「私は悪い人ではないですというサイン」だそうです。簡単に悪い人に遭遇するからなんでしょうね。その悪い人は笑いかけないし、顔を隠しているということかな。

押井　でも、日本じゃマスクは普通なわけだから、着け続けたい人はそのままでいいんじゃないの？　わたしの周りにも「外さない」という人は多いし。どうせ空気は汚いし、化粧も簡単でいいし、若見えするならいいことだらけじゃない(笑)。

——顔の見せ方に関した選択肢が増えるだけ、ですね。

押井　コロナ禍のおかげで、在宅勤務で仕事がこなせることが判ったし、電車の満員度も下がった。外出から帰宅したら手を洗ってうがいをする習慣もついた。風邪も引かなくなったし、インフルエンザも減ったでしょ。今年はちょっと増えたみたいだけど、例年よりは圧倒的に少ないはず。マスクで女性は顔を隠せて、オヤジは髭を隠せて、ランチに餃子を食べてもバレない。考えてみるといいことが意外と多い。夏の暑さを除けば。

だからこの人も、そういうことを考えながら外すか着けるかを決めればいい。電車のなかでは着けるけど、屋外では外す。でも、冬は寒いんでまんま着けとくとかね。ＴＰＯで決めればいい。いまにそうなるから。同調圧力と感じない日が来ますよ。

――夏になったら暑くなって、みんな外すようになって、そのまま定着するとかね。

押井　まあ、そうなるだろうね。でもさ、マスクって3年以上も日本中の人が着けていたわけじゃない？　にもかかわらず、あまりマスクで遊ぶ人、見かけなかったように思うんだけど。『うる星やつら』に、あたるがラムから逃亡するエピソードがあって、そのときあたるはサングラスとマスクで顔を隠すんですよ。で、ラーメンを食べるときはマスクに付いているチャックを開け、その間からラーメンをすする。ああいうの、誰か作らないのかなって。

――押井さん、それはアニメだと面白いアイデアですが、実際に作ってもあまり売れませんよ。食べづらそうだし、マスクは基本、使い捨て。１枚にお金はかけられません！

押井　だったらプラスチックで作れば何度も使えるじゃない。わたしは犬型マスクが欲しくて、知り合いに作ってもらおうと思ったくらい。

――そういうのも実際に販売されていたようですが、結局は定着しなかったんだと思いますよ。

押井　そうなの……。面白くないなあ。

――むしろ、洋服に色を合わせたりして楽しむのは増えましたけどね。あまりお金かからないので。私も白は飽きたので色つきを最近は使ってます。

押井　でも、日本人って、同調圧力を感じやすい国民性なのかもしれない。若い子なんて、みんな

同じようなファッションじゃない？　みんなと一緒というので安心できる。

――一時期、雑誌の付録がすごく流行っていて、付録付きの某女性誌なんて120万部売れていたというんですよ。でも、それって日本中にそのオマケの化粧ポーチを持っている人が120万人もいるということでしょ？　すぐに出典が判るのイヤじゃないのかなって。

押井　日本人の場合、みんな同じものにアクセサリーというか、ああいうの何て言うの？　チャーム？キャラクターものの小さなフィギュアを付けたりして個性を発揮する。日本人、細かな差別化は好きなんだよ。同じファッションやスタイルをしていると安心するけど、さりげなく個性を発揮するという感じ？　それで完結しちゃうんだよ、きっと。

そもそも日本人は制服好きだから〝同じ〟がいいというのもある。わたしがタツノコにいたときも、同期の演出家4人でお揃いのジャンパーを作ろうなんていうヤツがいた。〝THE DIRECTORS〟ってロゴを入れるんだって。もちろん、却下だったけど、そういう人間は必ずいる。暴走族とかもみんな同じスタイルで決めるのは、自分の帰属意識が満たされ、なおかつ強くなったような気がするから。

ほら、ウォルター・ヒルの『ウォリアーズ』(79)。アウトローたちのチームもそれぞれ、コスチュームで差別化していたじゃない。野球のユニフォームを着たベースボール フューリーズとか、タイトルになっているウォリアーズも赤いベストだった。

――みんなフリーランスでアウトローだから、チーム感を出したいんですね。ということは、海外もいっしょ？

押井 だと思うよ。とりわけアウトローたちはね。向こうのバイカーなんて同じようなバイクに乗り、同じような革ジャン姿だし。

――あれ、押井さん、話が違うところに行っちゃいましたが、この質問の答えは？

押井 同調圧力がイヤならひとりで抵抗し、少数派たる誇りをもて。でも、いつかマスクを外せる日が来ますよ。これしかないでしょ(笑)。

注：『ウォリアーズ』：ニューヨークのブロンクスで繰り広げられるストリートギャングたちの闘争。公開当時、ストリートギャングに憧れる若者を生み、大きな社会問題にもなった青春アクション映画。敵中突破のあの手この手がスリリング！ 監督

&共同脚本を務めたウォルター・ヒルによる野心作。

第六章

人生

Q 人生が長すぎる

子どものころから人生が長すぎると思って生きてきました。まだ24歳なので大病などしなければ、あと50年くらい余命があります。考えただけでもうんざりです。どうやって生きていけばいいでしょう?

（アルバイト・20代・女性）

A **「自分の人生を生きていないからそんなことを言うんです。自分の人生を楽しく生きるためにオススメなのはオタクです。なんでもいいから、何かのオタクになりましょう」**

押井　この相談者は「考えただけでもうんざり」と言っているけど、何も考えていない。本当の意味で考えていない。そもそも「大病しなければ、あと50年の余命がある」と思うこと自体が、全然考えていない証拠です。世間一般の統計値で、あと50年生きなきゃいけないのかと考えた時点で、自分の人生を生きてない。**明日死ぬかもしれないのが人間なんです。**今日やれることは今日しかできない。来年、アンタがこの世にいる保証ってどこにあるんだと言いたい。

——そうですね。家にいても外にいても、いつ死んでも不思議じゃないですね。

押井　この人は自分の人生を他人事として考えているから、こんな相談が出てくる。

わたしはこの仕事を始めて40年だけど、あっという間の40年だった。長短あわせて40、50本の作品を作ったから、本当にあっという間。いまは、もっといろいろやれたような気はするものの、世間並みに言ったら相当いっぱい仕事をした人間になると思っている。イヤイヤやった仕事はひとつもないし、やりたかったことをやりたいようにやった。好き放題に作ってきたと思っている。それでいて、監督として飯を食っていけているというのはラッキーなんだろうけど、その分、ちゃんと努力もしている。手を替え品を替え、どうやって騙してやろうということも含め、しっかり考え、本当に努力をした。だから40年間はあっという間。

いまわたしが考えているのは、あと何本作れるんだろうかということですよ。

——おお、もうリド様（リドリー・スコット）の領域ですね。

押井　作れる限り作りたい。元気だったら、あと50年くらい生きて、もっと映画を作りたいくらいだよ。

いまは、これまでの監督人生で、もっとも楽しい時期。やりたいことをやれるし、何ものにもとらわれていないから。幻想からも自由だから。若いころのわたしは、幻想の塊だったので、ものすごく不自由に生きていたと思う。若いときほど不自由なんですよ。いま考えてみると、なぜあのとき、あんなくだらないことで悩んでいたんだろうと思う。すべて幻想で生きていたせいだと思っているけど。

——若いころは、幻想と現実のギャップに悩んでいたということですか？

押井 簡単に言えばね。こうありたいんだけど、そういうふうになっていないということ。具体的に言えば、映画で飯を食っていけるのかとか、作りたい映画を作れる日が来るんだろうかとかさ。いま考えたら、そういうことを考えても無駄なんだけど。それよりも重要なのは、目の前の同僚とかスタッフを、どうやって納得させるのか。作ってもいない作品のことをあれこれ考えてどうするんだってことですよ。

だから、**目の前のことから始めるというのは、人生において当たり前のことです。**目の前にそれなりのいい女の子がいるのに、もっといい彼女が現れるかもしれないと考え、キャンセルし続けていたら一生結婚なんてできません。

——そういう人、結構いそうですね。押井さんは、夢を見なくなったら楽になったんですか？

押井 そうだと思うよ。いまは野望とか、そういうのはほぼありません。40年も仕事を続け、やっと自分の身幅が判ってきた。若いころは自分の身幅が判らないから、膨大なことを考えたり、自分を過少評価したりしていた。

——それは、いわゆる達観とかの領域じゃないですか？ そういう心境になったのはいくつくらいでした？

押井　60歳前後じゃない？　ここ10年くらい。映画を作るのがラクチンになったし、楽しくなった。その作品の規模が3000万円でも20億円でも100億円でも、全部同じ。自分のもとに飛び込んできた企画で考えるということが、わりと身体に馴染んできた。執着するとイライラが募り、欲求不満に陥って、怒りでブチ切れる(笑)。

いつか言わなかったっけ？　わたしが目指しているのは亀仙人ですって。このまま生きて亀仙人になりたい。

――亀仙人って『ドラゴンボール』のキャラクター？

押井　そうです。セルロイドのサングラスをかけ、アロハに短パン。楽しいことが大好きで、おねえちゃんの尻を追い掛け回している。ただ〝仙人〟たるゆえんは、知性と教養をちゃんと兼ね備えていることです。亀仙人は色気もある。快適な場所で美味しいジュースをチューチューしている。でも、彼が背負っている甲羅は知識の宝庫なんです。

――じいさんになってもおねえちゃんが好きって『運び屋』（18）の（クリント・）イーストウッドですね。

押井　アメリカ映画に登場するじいさんってかっこいいですよ。これが日本になると途端に、ウソっぽくなるというか、じいさん映画としての魅力がなくなってしまう。北野武も作ったけど、もうひとつ。やっぱりいいじいさん役者がいないということになる。イーストウッドのようなじいさんは日本にはいないから。じゃあ、高倉健がやったかというと、やらなかった。彼のような役者が開き直ってじいさんを演じるとかっこよかったと思うんだけど、そうはしなかったから。イギリスにも、オヤジやじいさんががんばる映画があるじゃない？　ほら、あれですよ。オヤジがストリップやる映画。

——『フル・モンティ』（97）ですね。

押井　そうそう。ああいうタイプの映画は、日本では作りづらい。日本人がやると、妙に生臭くなっちゃうので。日本では実写のSF映画が作れないというのはわたしの持論。ゾンビ映画も、生活臭が漂って爽快感がない。

——『アイアムアヒーロー』（16）はとてもがんばっていましたけどね。とりわけアクション。カーアクションとか、バク転ゾンビとか。

押井　アクションシーンは韓国で撮ったんでしょ？　最初のほうは確かにすごくがんばっていた。日本のゾンビ映画の中では破格です。でも、やっぱり何かが違う。

——主人公が女子高生と旅をするシチュエーションとか、コミューンでの描写とかが、押井さん的にはちょっとだったのでは？

押井　その通りです。結論としては、日本人はゾンビに向かない。

——そうですか？　いやいや押井さん、ゾンビの話じゃなくて、「人生が長い」ですよ。

押井　だから、**何かを一生懸命生きれば、人生はあっという間だということ**です。この相談者は、一生懸命何かをやる以前に、自分の人生すら生きていない。他人事として考えているからうんざりするんだよ。本当に自分の人生を考えたらうんざりする暇なんてあるはずがない。

——この人にアドバイスするとして、たとえばこういう本を読めばいいとか、映画とかないですかね。

押井 ない。いまのように考えている間は、何を読もうが、何を観ようが判るはずがない。ほっとけば、いつか判るときが来る。人間はいつかどこかで、自分の人生に直面しなきゃいけないときが来るものなんです。それが恋愛かもしれないし仕事かもしれない。

一番大きな転機は世の中に出るとき。この人の職業、アルバイトじゃない？ **社会人として生き始めたら、自分を他人事のように考えるような余裕はありませんから。**

——アルバイトは社会人とは違うんですね？

押井 ちゃんと就職し、自分で働き、自分で食べる。それを始めるまでは社会人とはいえない。就職したら、責任が付いて回るし、人間関係もより濃密になる。

——いまは20代で就職せずにアルバイトをしている人はとても多いようですよね。社会人になることを避けている人が多いということなんでしょうか。

押井 たぶんそうでしょうね。いわゆるアドレッセンスという時期です。青年期というか思春期。若い無意味な葛藤の時期のことです。違う言葉で言うと、まだ猶予されて生きているだけということ。この相談者、もしやりたいことがあって、そのチャンスを待つためにアルバイトをしているんだったら、こういう悩みを持つはずがない。やりたいことがないから、こういうことを言い出す。
——私も映画に出会う前は、何か夢中になれるものがないかと思っていましたからね。映画に出会って、そんな迷いがなくなった。
押井 オタクになったから麻紀さんは救われたんです。わたしがこの人にすすめたいのはオタクです。何でもいいからオタクになると毎日が充実します。オタクほど楽しい人間はいませんから。

注：『運び屋』：麻薬の運び屋になった90歳の孤独な老人。クリント・イーストウッドの監督&主演作。実話の映画化。
注：『フル・モンティ』：男性ストリップで生活費を稼ぐ失業オヤジたち。主演はロバート・カーライル。
注：『アイアムアヒーロー』：花沢健吾の大人気ゾンビ漫画を佐藤信介が実写化。アクションシーンに迫力がある。

Q 将来、映画監督になりたい

（学生・10代・男性）

僕は将来、映画監督を目指しています。実写も好きでアニメーションも好きなので、押井さんのようにどちらも監督できるようになりたいなぁなんて思うのですが、いまからどうやって準備すればいいでしょうか？　高校2年で進路のことをいろいろと考えているところなので、アドバイスをもらえたら嬉しいです。

A

「監督は定職ではありません。生き方です。それだけで食べていくのは至難のワザ。それでも監督になりたいのなら、たくさんの本を読んでおきましょう」

押井　この相談には簡単に答えられる。「やめときなさい」です。なぜなら、映画監督に未来はないからです。この子は高校2年生というから、いまは17歳くらいかな。がんばって10年後に映画監督になったとしても、その時点で映画がどうなっているか判りゃしない。映画監督という仕事が成立するかどうかだって判りません。わたしはそう思っています。

——配信が増えて、映画もドラマも増えているから、監督の仕事も増えるんじゃないですか？

押井　映画を作ることは常に可能です。何だったら、いますぐにでも映画を撮れる。iPhoneさえあれば、いくらでも映画は撮れる時代ですから。パソコンで編集すれば短時間で完成する。この17歳くらいの相談者もiPhoneで1本撮れば、すぐに映画監督になれます。それをYouTu ｂｅにアップすればいい。

わたしのころは、映画を撮るのも大変だったけど、観てもらうのも大変だった。わざわざ上映会を開かなきゃいけなくて、そのためには会場を借りてプロジェクターを借りてと、そこにこぎつけるまでが大変。わたしはお金を取っていた。入場料50円。少しでも回収したかったというのもあるけど、それ以上にお金を取ることで観客のほうも「観よう」という気になってくれる。それが大切なんです。

――そうですね。上映会のポスターも作って、それを貼らなきゃいけないし、映画を観てもらうだけでも時間も手間もお金もかかる。

押井　それがいまじゃｉＰｈｏｎｅとパソコンでほぼ完成版まで作れて、あとはＹｏｕＴｕｂｅにアップするだけ。どれだけ観てくれたかもすぐに判るし、感想も判る。作るのも上映するのも驚くほどイージー。でも、これが職業として〝監督〟を選ぶとなると、また話は別になる。それはつまりプロとなって職業監督として生きて行けるかということでしょ？　この子が言っているのはたぶん、そのことですよね？

――おそらくそうでしょうね。

押井　わたしはあと5年ほど経ったら、職業監督になること自体、不可能な時代になっていてもおかしくないと思っている。もし、まだ職業監督がやって行ける時代だったとしても、その仕事の有り様はいまとはまるっきり変わっているかもしれない。なぜなら、いま現在、変わりつつあるからです。

――配信など、新しいメディアのせいですか？

押井 そうです。出口がたくさんできて、よくなったように思いがちだけど、実はそんなことはない。なぜなら、それぞれのメディアで求められること、仕事のやり方などが全然違うから。映画館にかける映画、特定の配信会社のために作る映画、ビデオだけリリースする映画。それぞれに対応するのは大変なんです。

映画監督のタイプもたくさんある。映画だけで食っている職業監督。日本に何人いると思う？10人いるかいないかじゃない？　ほかの監督は映画学校の先生をやったり、深夜ドラマの演出をしたり、わたしみたいに本を作ったり、脚本を書いたりして、どうにか食べている。

――昔から日本の監督は女優さんと結婚して、奥さんに食べさせてもらっているという印象が強い。

押井 吉田喜重と岡田茉莉子、篠田正浩と岩下志麻、大島渚も小山明子と結婚して、映画を撮れないときは食わせてもらっていたかもしれない。今村昌平の奥さんは、近所の主婦を集めてアニメの彩色をやって支えていたというからすごい。世界の映画賞を取ったこともある、有名な映画監督でこれなんだから、本当に職業としての監督は大変です。10人と言ったけど、この相談者が成人したころにはもっと減っているはずです。

例の三バカ大将（湯浅弘章、田口清隆、辻本貴則）も一応、長編映画デビューはした。でも、2本目の劇場映画はなかなか撮らせてもらえない。1本目がそれなりの評価をもらったにもかかわらず。つまり、たとえデビューできたとしても、監督業を継続させるのは困難なんです。

――そうでしょうね。

押井 「映画監督は定職じゃない。詩人や哲学者と同じだ」と言ったのは、かの（ジャン＝リュック・）ゴダール。その代わり1本でも映画を作ったら、生涯映画監督を名乗ってもいい。監督作が何本あるかは関係ないんです。詩人だって、1冊詩集を出したら詩人を名乗っていい。何だったら手書きの詩集を駅前で50円や100円で売っても、詩人だと言う権利はある。その人は詩人という生き方をしているからです。逆に言えば、先生をやっていようが何をやっていようが、詩を書いているなら詩人を名乗ってもいいわけです。

映画監督も同じ。映画はいつでも作れる、作ることは簡単。1本作れば映画監督と名乗っていい。だけど世の中に出し、お金を取って、みんなに観てもらい、さらに評価を得るというのはもっともっと難しい。しかも、それをクリアしたとしても職業にはならない。

――それらをすべて納得した上で、まだ映画監督に……。

押井 なりたいならね。そういう道を選ぶなら、まず勉強して社会人になれというわけです。とりあえず高校ぐらいは出る。本当は高校を出る必要があるわけではないけど、ほかにやることがあるとも思えないので、親が食わせてくれている間は高校でも大学でも行って、ちゃんと普通に勉強し、山のように本を読む。とりわけ本。映画を観ているヒマがあったら本を読めと言いたい。

――むかし、ジャック・ニコルソンが、「いい監督、いい役者は本を読む」と言ってましたけど、確かにそうだろうなと思いますよね。

押井　それはとても正しい。最近の若い監督は驚くほど本を読んでないからね。そのくせ映画はたくさん観ている。**映画は、監督になろうと決めたときから観始めても間に合います**。でも、本は違う。若いときからできるだけ読んだほうがいい。**最近は、みんな本を読まないからどんどん頭が悪くなっている**。会話を聞いていても、「最近、何観た？」と尋ねると答えが返って来るけど、「最近、何読んだ？」と聞いても返って来ない。驚きますよ。

――スマホが登場する前は、みんな電車で雑誌や本、新聞を読んでいましたからね。いまは滅多に見ない。ほとんどの人がスマホを覗きこんでいる。何を観ているのかと思えば、ドラマだったりスポーツだったり。漫画もスマホで読んでいる。

押井　（スティーブ・）ジョブズは「商品が世の中を変える」と言ったけれど、確かにその通りだった。政治や経済、戦争が世の中を変えるんじゃなくて商品ですよ。アルカイダだってＩＳ（イスラム国）だって、みんなスマホを使ってテロをやっているんだから。スマホがあるからこそ、大都市でテロ行為がより簡単になった。あらゆる意味で世界を変えてしまったんです。

――そうですね。かつてジェームズ・キャメロンは「ジョブズさんには悪いけれど、私は彼の作ったあの小さな画面で楽しめるような映画は作ってない」と言ってましたが、みんな平気で楽しんでる。

押井　デビッド・リンチはもっとハッキリと「ファッキング・テレフォンなんかでオレの映画を観

るな」と言っていたけどね。大きい画面で観た快感を知っていれば、あの小さな画面は物足りないだろうけど、ずーっとスマホ画面で観ている人はそれで満足なんです。

わたしは実写映画のコンテストの審査員をやっていて、そのとき観たある作品には、山形と東京の探偵が電話で話しているというシーンが出てくるんだけど、そのふたりの役者は実際に顔を合わせたことがないと言っていた。それで会話が成り立ち、映画となる。

だけどわたしは、本当に大切なダイアローグ（対話）は、やはり実際に役者が顔を合わせる必要があると思っている。逆に言えば、それ以外はスマホで十分ということでもあるんだけど。本当にいいセリフをスマホですまそうとは思わない。ハリウッド映画といえども、もっとも重要なダイアローグはちゃんと2ショットで撮っている。もしスマホを使うんだったら、スマホじゃなきゃいけない状況を作り、それが印象に残るダイアローグを考えるほうがダンゼンいい。

――押井さん、ではこの高校生へのアドバイスは？

押井　普通に勉強して、時間があるうちにたっぷり本を読む。映画監督になるために必要な準備があるとするなら「本を読む」ですよ。いまは本は読まず、映画ばかりが多い。これは、一番ダメなパターン。本を読むのは監督にとってもっとも大切な作業。ただし、必要に迫られて読むのは読書とは言いません。

Q まだまだモテたい

既婚者なのにまだまだ女性にモテたいです。こんな俺ってヘンですか？

（会社員・30代・男性）

A 「生物として、極めて正常な感情です。モテた後どうしたいかは、そのつど考えればよろしい」

押井　いいんじゃない？　男なら誰だってそうです。極めて正常。正常すぎて恥ずかしいくらい（笑）。

——押井さんも既婚者ですが、そういう気持ち、あるんですか？

押井　もちろんです。だから「男なら誰でも」と言ったんです。この相談者は30代とまだ若いから、既婚者といえども身だしなみに気をつけているんじゃない？　「異性に好かれたい」という努力だろうけど、わたしはとてもいいと思います。人間の資質として大切なこと。

わたしの空手道場の師範代はとてもおしゃれ。ファッションが大好きで、かつてはジーンズショップの店長で、自分でミシンを踏んでいた。モテたいというのではなく、ファッションを自分で楽しんでいたんですよ。だからいまでも、すてきな服を着ているし、いつもTPOを考えたファッションをしている。ファッションにはどんどんお金を使うけど、好きだからいいんです。とても魅力的な人だから当然、女性にもモテまくる。

——押井さんも昔と比べると、普通のファッションになりましたよね。もうイヌのついた服を着ていないし。

押井　わたしは別にファッションが趣味でもなければ、師範代のようにそれを楽しんでいるわけでもない。そもそもそれが仕事じゃないですから。洗濯した服を着て、ちゃんとお風呂に入って、相手に不快感を与えないようにと気を遣っているくらいです。

で、この人の悩みは何なのよ？　悩む必要ないんじゃないの？

——「既婚者なのに」という部分じゃないですか？

押井　彼が目指している「モテたい」が、好意をもたれたいのか、それとも愛人関係になりたいのか、ただヤレればそれでいいとか、そのモテたい幅が判らない。モテるのは入り口であって、その後ご飯を食べるだけで満足するのか、ホテルまでしけ込みたいのか、契約して愛人にするのか。**モテてどうしたいのか、ですよ。**

でも、わたしのアドバイスは「それはそうなってから考えればよろしい」。モテたいという感情、人に好意を持たれたいという感情は、生き物として正常。もし、おしゃれさんなら、それも十分楽しめばいいと思いますよ。

Q

別れたほうがいいでしょうか

（会社員・30代・女性）

38歳の女です。長年付き合っている人がいるのですが、結婚の話をしても、のらりくらりと逃げてばかり。子どもを産むことを考えると、タイムリミットが迫っているため焦っています。別れて違う道を歩んだほうがいいでしょうか？　彼のことが嫌いなわけではないので、なかなか決断できません。

A

「自分の人生の優先順位を見極めよう。たとえ結婚にこぎつけたとしても、基本、男には人生のテーマがないので、ロクなヤツはいないと思っていたほうがいい」

押井　こういうケースは男も女もよくあるよね。正直言うと、この女性の気持ちはわたしには判らない。でも、アドバイスを送るなら「あなたのこれからの人生における優先順位を決めなさい」です。

ただ、この人は優先順位を決められない以前に、優先順位のもっている意味が判っていない。好きな男と付き合いたいのか、子どもを産むのが最重要なのか、それとも家庭を持つことなのか、あるいは結婚することか。要するに、そういう事柄に優先順位をつけないと、同じところをずーっと回っているだけです。

——おそらくこの女性は、「この男性と結婚し、子どもを産む」というのが理想なんでしょうね。でも、男性のほうがそれを許してくれない。だったら、その男性を騙して子どもを作っちゃうとか？

押井　それはとっても迷惑な女性です。男の人生を勝手にコントロールしているから。自覚のないことに責任を取らされるというのはやっぱりダメでしょう。とはいえ、女性にとっては、ひとつの最終手段なのかも。

——かもしれません。「子どもが欲しい」というのが優先順位の一番なら、『ガープの世界』のお母さんみたいに、その辺の男性にまたがっちゃうとかね。

押井　わたしの仕事仲間には、子どもだけ欲しいという男もいた。息子と楽しくキャッチボールはしたいけど、奥さんはいらないってヤツ。彼は息子限定だったけどね。

この女性はどうなんだろう？　いまの男と結婚して子どもを産み家庭を作るというのが最終目的なのかな。何となく違う感じがするんだけど。

——現在の最終目的がそれで、達成したらまた違う目的ができるんじゃないですか？　子どもを束大に入れてやる、とか。

押井　その第二の最終目的が子どもに関することになったら、旦那はすぐに面倒くさいおっさんに転落しちゃうんじゃない？

——そうですね。所詮、旦那は赤の他人。でも、子どもは自分の血族ですから。

押井　だから、そういうのは女性の固有のテーマなんですよ。種を保存したいという固有のテーマ。その反面、そういう生き方を選ばなかった女性もいる。麻紀さんもそうだよね？　最近はそういう女性が増えているけど、それでも「まだ結婚しないの？」とか「子どもはどうするの？」とか、いろんなプレッシャーがあるんじゃない？　男の場合より、圧倒的に多いはずだよね？

——なぜか私の場合は、そういうプレッシャーをかけられたことがない。でもまあ、一般的にはそうかもしれませんね。

押井　昔は男も、40過ぎてやもめの場合はいろいろ言われていたけど、いまはそんなやもめゴロゴロいる。うちの道場なんて既婚者のほうが少なくて、全体の10パーセントくらいしかいないよ。だから、出席率がめちゃくちゃいい。連休だろうが正月だろうが関係ない。みんなヒマなんですよ(笑)。男はもはや、そういう状態になったのに、女性はそこまでにはなっていない。わたしが思うにそれは、生き物として違うから。「子どもが欲しい」という欲求は圧倒的に女性のほうが大きいんじゃない？　でも、男にとってそれはテーマじゃないんです。そこにギャップが生まれ、このカップルのような話をあちこちで聞くことになる。

だから、この相談の男のほうは、女性と付き合うのはいいけど結婚はちょっと、子どももちょっとという、わたしの周りにいる独身男性と似たようなものですよ。

——反対に聞きたいです。男性が結婚しようと思う瞬間はどんなときなんですか？　女性だと「種の保存」という本能のようなものがありリミットもあるから、この辺でと思う。じゃあ男性は？

押井　男は別に、自分の人生にテーマはないですから、普通。女性と違って、生き物としてのテーマがないのが致命傷だよね。

——男性は何をもって結婚しようと思うの？

押井　気の迷いかなあ……。誰かと添い遂げるとか考えている男、あんまり聞いたことがない。たまにいるけど、その男は結婚したかったというより家族が欲しかったから。

——じゃあ、その理想にふさわしい女性と結婚したんだ。

押井　そうでもない。女性を見る目はないですから(笑)。「惚れる」という動機と、「相手を選ぶ」という動機は別なんで。

——惚れた相手と結婚したからといって、自分が思い描いていた女性とは限らないわけですね。

押井　そうです。**理想の相手と理想の結婚をするなんて100万人にひとりくらいじゃない？**　わたしにとっての理想はオランウータンの夫婦。年を取ったら、ふたりで並んで座ってぼーっとしているだけ。動物の場合は、余計なことを考えないからいいんですよ。

――タヌキのつがいも一生添い遂げるんですよね。うちの実家の庭によく来ていて、いつも2匹一緒で微笑ましかった。

押井　でも基本的に、動物の世界のオスは浮気しまくって、そこらじゅうに自分の遺伝子をばらまく。そのために生きているようなものだから。でも、例外的にずっと添い遂げる霊長類とか鳥類がいる。ペンギンもそうだよね。わたし、ペンギンの子育てアニメーションを作りましたから。『御先祖様万々歳!』の各エピソードの頭には2分くらいの動物の短編アニメーションがくっついていて、そのひとつが「コウテイペンギン涙の子育て」。コウテイペンギンは子育てにすべてをかけるから、そういう家族を巡るドラマです。ほかには、カッコウとかサイチョウとかの短編を作った。

わたしは『~万々歳』のため、家族論を真剣に勉強した。本も読み漁ったけど、結果的にもっとも有益だったのは自分の体験談。自分の結婚体験、自分の家族体験なんだから、当たり前なんだけど。

――じゃあ、この相談者へのアドバイスは?

押井　男のほうは典型的。テーマがない生き方です。おそらく、このままずるずるで、自分のほうから別れようとすることもないでしょう。だから、まずこの人は優先順位をしっかり確認し、「子ども」がそのトップに来るなら、さっさと別れる。あるいは最終手段としては〝ガープ〟のおふくろさんがやった手です。その男をハメて、彼の子どもを作っちゃう。ただ、それだと幸せになる確率は低い。

——この男と暮らすことがトップなら、普通の家庭や普通の幸せは諦めろ、ですね。

押井　一応、言っておきますが、男って基本的にろくなもんじゃない。何度も言うけど生き物としてテーマがないから。だから生き方も成り行き。わたしもそうです。

Q 打ち込めるスポーツに出会いたい！

（会社員・50代・男性）

ここ10年くらい、押井さんは熱心に琉球空手に取り組んでいるように思います。私の記憶では押井さんは、スポーツをしているという印象はほとんどありませんでした。そんな押井さんが10年以上も続けているということは、人生が変わるくらいの出来事だったのだろうと考えています。私もそういうスポーツに出会いたいと思っているのですが、何をやっても長続きしたことがありません。ジムに入会しても、ランニングを始めても結局は投げ出してしまいました。スポーツが長続きするコツ、押井さんのように打ち込めるスポーツとはどうやれば出会えるのか？　教えてください！

A 「楽しめて、自分を肯定できるようなスポーツを探しなさい。そういうものに出会えれば一生、付き合えるかもしれない」

――「打ち込めるスポーツに出会いたい！」「長続きするコツを教えて！」という相談です。確かに押井さん、琉球空手、長続きしている上に、いつも楽しそうですよね。

押井　そうです。何事も楽しくないと続きませんから。空手をやり始めた直接的なきっかけは足の骨折。これが本当に痛くて、それまでハマっていたスキーもやめ、スポーツはゼロ人間になった。そのせいも手伝ってか『イノセンス』が終わったあと、布団から起き上がれないくらいの絶不調になってしまったんです。

そんなとき、以前からお付き合いのあった（今野）敏さん、現在の空手の師匠が「あんた、私と付き合って3年目になるんだから、そろそろやってみたら」って。今野さんは整体の先生でもあったので「ものは試しで1回、やらせてもらいます」ということになった。

――ということは、その1回が楽しかったんですね？

押井　そうです。ひとまずジャージとTシャツというい で立ちで道場に行ったんだけど、これがもう地獄のように大変だった。準備運動だけでもうヘトヘト。基本の型を始めたときはすでに立てないくらいにヘバってた。練習のあと行った居酒屋の階段なんて膝が笑っちゃって、マジで這って上ったんだから。ところが、そこで飲んだビールがメチャクチャ旨かった。もう死ぬほど旨かった。普通のビールなのに、こんなビール飲んだことないというくらいの旨さ。思わず叫んじゃったからね。それですよ、それ。

――楽しかったって、もしかしてそのビール？

押井　ビール。

――押井さん、ソコ？

押井　はっきり言っちゃえば、まさにソコです。死ぬほど旨いビール。これが麻薬的だった。もう麻薬的に旨い！　そんなビールを味わいたいがために3カ月、道場に通った。その頃からだよ、身体が急激に変化し始めたのは。このコーフンは中学生のときにやっていた柔道の再体験。ガンガン筋肉がついていきて、体重が激減する。10キロくらい落ちたからね。しかも、どうがんばってもできなかった懸垂すらできるようになった。

――押井さんは中学生の頃、柔道にハマっていましたからね。

押井　中高と5年くらい、それこそ異様なくらい一生懸命やっていた。成長期で肉体が変わるのも面白かったし、いつも痛めつけられていた兄貴からの防衛というのもあったけど、当時、全盛を極めていた柔道漫画の影響が大きい。わたしがハマったのは『柔道一直線』じゃなく、盲目の柔道家が主人公の『暗闇五段』のほうだったんだけど。

そうやって肉体が変わり強靭になっていくのが楽しくってしょうがなかった。さらに、中学生のときの地区大会で、自分よりでっかい相手を見事に投げ飛ばしたんだよ。会場から歓声が上がるほど見事な背負い投げを決めてしまった。当人は夢中でよく憶えてないんだけど、そうだったというんだよね。それで病みつきになっちゃった。それからは背負い投げ一本やりだった。

――そのあとも背負い投げ、決められたんですか？

押井　いや、二度となかった(笑)。それに、入った都立高校が私立の柔道部に勝てるはずもないし、学生運動とSFが忙しくなったのでそのまま離れてしまったんだよ。

で、話をもとに戻すと、中学生のときのコーフンが甦ったわけだ。自分の身体を変える面白さに改めて気づいちゃったんだよね。ただし、その変化をより楽しむためにダイエットをしたりするのはナシ。**楽しいこと、気持ちいいことしかしない**。

――だから「楽しい」んですね。

押井　空手の師範代は気持ちのいいことしかしない主義。快楽主義者と言ってもいいんじゃない？お酒もたばこもおねえさんも、みんな大好き。もちろん、何かを目指しているような武道家はストイックにやっているんだろうけど、わたしの通っている道場は真逆なんです。

――押井さんが続いている理由が見えてきました。

押井　空手は人間の基本的な欲望を全肯定する世界。ということは、自分を肯定できる。そして、自分の肯定ほど強いことはない。自分を肯定している人間には勝てないでしょ?

――判ります。

押井　自己肯定的に生きるからこそエネルギーが生まれるんだよ。この相談者はきっと、ランニングもジムも楽しくなかったから長続きしなかったんじゃないの? だったら、自己肯定できるスポーツ、楽しいスポーツを探すしかない。そういうのに出会えたら、それがきっと、この人にとっての運命のスポーツなんですよ。

――そういう〝運命のスポーツ〟を描いた映画ってありました?

押井　野球映画の『さよならゲーム』(88)かなあ。あとはアイスホッケーの『スラップ・ショット』(77)とか? いつも言っているんだけど、スポーツ映画はなぜ日本で生まれないんだろう? なぜだと思う?

――日本の場合は勝負の話になったりスポ根ものになるからでは? 『巨人の星』とか、まさにスポ根じゃないですか。

押井　そういうのってスポーツを描くんじゃなくて、スポーツマンを描いているんです。だからスポ根ものとか『力道山物語』(『力道山物語 怒涛の男』55)などの偉人伝になってしまう。

――私はアメリカのスポーツ映画って、とてもロマンチックだから大好きなんです。『さよならゲーム』なんて、まさにロマンの塊。野球が大好きでやめられない中年のおじさんとおばさんの話ですからね。もう大好きです、この映画。

押井　メジャーリーグじゃなく、その下の3Aチームに所属する選手たちの話。移動するときはオンボロのバスに揺られ、泊まるのも安いモーテル。遠征のときは恋人や奥さんに見送られて「2週間後に帰るよ」とか言っている。選手の奥さんが「はい、これ下着。それにこの本、エッチなところ耳折っておいたから」って……すごいですよ、この脚本。こんな脚本書けるライター、日本映画界にはいないから。

――脚本家出身で、本作で監督デビューしたロン・シェルトンです。ケビン・コスナー扮するクラッシュ・デイヴィスのことを「アイツは挿絵のない本を読むんだぜ」と誰かに言わせて、こういう二流のチームにいるには頭がよくて異色だということを表現する。もう何十回も観たので暗記しちゃった(笑)。

押井　日本の場合は偉い人、成功者しか取り上げないからダメなんです。そこに至らなかった人たちのほうが遥かにドラマチックで、観客に「なるほど、生きるとはこういうことなのか」ということを教えてくれる。『さよならゲーム』だってそうでしょ？　自分がもうメジャーリーグには行けないことを知っているロートルのキャッチャーと、男にとって、自分は途中までの女なんだと判っている野球好きのおばさん。ふたりとも、自分の身幅を知っているんです。そういうふたりの恋愛映画としても、これはとてもよくできている。**生きるということは、自分の身幅を知って、そこに収まる生き方をすること**なんだと教えてくれますから。

――押井さん、私にとっても『さよならゲーム』は野球映画、恋愛映画としても歴代トップなんですよ！

押井　そうなんだ。趣味いいじゃない(笑)。若者たちには絶対にありえない大人の恋愛映画としてすばらしいよね。

わたしは日本で『さよならゲーム』とか『スラップ・ショット』のようなスポーツ映画を作りたいと思っていたんですよ。まあ『さよならゲーム』はかなりハードルが高いけど、『スラップ・ショット』の二流チームのドタバタはできるんじゃないかと。アイスホッケーをサッカーに替えて、チームの名前も「熱海グランスパ」って。

――もう決めてたの？

押井　いいでしょ？　この名前。「スパ」というのは「温泉」という意味だし、どこか二流感も漂う。だから設定も架空のＪ３のチーム。山の中にグラウンドがあるこのチームに流れ着いた雇われ監督が、あらゆる手を尽くしてＪＦＡにのし上がって行く。インチキも違反も何でもアリ。そういうことを選手に覚えさせるんです。

――押井さん、それはすてきです。日本のスポーツものでインチキ、ないんじゃないですか？『スラップ・ショット』はもちろん、（ロバート・）アルドリッチの『ロンゲスト・ヤード』（74）など。アメリカでは当たり前ですけど。

押井　日本はスポーツが「道」になってしまった。野球も野球ゲームじゃなく「野球道」になってしまい、スポーツでそういうインチキはダメだみたいな考え方がある。だから楽しくないんです。

――ということは押井さん、この相談者には『スラップ・ショット』や『ロンゲスト・ヤード』を観てスポーツの楽しさを知ってもらい、『さよならゲーム』で、そのスポーツがもつロマンに触れてもらう。そうすれば、楽しくって長続きするスポーツ、夢中になれるスポーツに出会えるかもしれないということですね！

押井　そういうことです。

注：『さよならゲーム』：ご贔屓のマイナーリーグチーム、ダーラム・ブルズの新人ノーコンピッチャーの面倒を公私ともにみるアニー。だが、彼女が本当に気になっているのはキャッチャーのクラッシュだった。『アンダー・ファイア』等の脚本家ロン・シェルトンが初メガホン。アカデミー脚本賞にもノミネートされたのも納得の名セリフがいっぱい。アニーを演じるのはスーザン・サランドン。ノーコンピッチャーにはティム・ロビンス。

注：『スラップ・ショット』：存続の危機に瀕したプロアイスホッケーチームが打ち出した奇策は、何と暴力プレイだった！エロネタも満載のアナーキーでブラックなスポーツコメディ。監督はジョージ・ロイ・ヒル。

渡辺　2019年に出した押井さん初の人生相談本『押井守の人生のツボ』の増補版です。私と、本書の担当編集さんはこの本が大好きで「優先順位」「選択肢」を常に考えて行動するようになりました。なので今回、是非とも増補版を出そうということになったわけです。

押井　そうなんだ。

渡辺　で、押井さん、その前に、本書の表紙や挿絵を描いてくださっているイラストレーターの高橋将貴さん、最初の版の挿絵もお願いしているんですが、何とそれぞれの扉イラストに押井作品ネタが盛り込まれているの、気づきました？

押井　そうなの？

渡辺　たとえば「友人」の章のイラストは、あたかも『スタンド・バイ・ミー』(86)のようですが、よく見てください。

押井　……あ、これってメガネにカクガリ、チビとパーマ？　『うる星やつら』だ！

渡辺　そうなんですよ。「仕事」の章は判りますか？

押井　……うーん、一見チャップリンだよね？　『モダン・タイムス』(36)だと思ったけど？

渡辺　レンチを見てください。

押井　……あ、もしかして「S.V.II」？　特車二課だ！……「家族」の章の少女のリボンは『御先祖様万々歳！』の磨子だね。すごい！　当人がまるで気づきませんでした(笑)。

渡辺　そうなんですよ。すべてのイラストに、さりげなく押井印が捺されているんです。

押井　だね……(「習癖」の章を見ながら)これは『アヴァロン』(01)だ。おかっぱだし、椅子のデザインが同じ。いやはや、驚きましたよ(笑)。

渡辺　はい、そこで『押井守の人生のツボ 2.0』です。今回は映画ネタを増やす方向で語って頂きました。

押井　でもさ、人生相談に悩みを寄せる人って映画を観て何か学ぶと思う？　映画から教訓を引き出すことができる？　わたしはそれに疑問を抱いちゃったわけ。映画をおススメしたところで結局は後付けじゃない。自分で見つけたわけじゃない。

渡辺　お、押井さん、それを言っちゃあおしまいです！

押井　そうなんだけど！　でもさ、そもそも普通、映画を観る人間というのは、映画からそういう教訓を学んできたわけだ。人生のシミュレーションだから。

渡辺　押井さん、よくそうおっしゃいますよね。昔は社会に出るまえに映画を観ていろいろと社会を勉強していたって。

押井　恋愛、夫婦生活、職場の人間関係……ありとあらゆる問題を映画で学んだという記憶がある。

渡辺　映画で予習するんですね。

押井　そうやって本番に臨むんですよ。映画は楽しむだけのメディアじゃなくて、そこから自分に役立ちそうな教訓を見つけることもできる。もっと言えば、それを目指して作られたと言ってもいい。とはいえ、いまはそういうこと、なくなってしまったよね。

というか、そういう教訓を映画を観て学べる人間だったら、悩み相談なんてしないと思うよ。映画を浴びるように観ていたわたしは、人生相談したことありませんから。麻紀さんもないでしょ？

渡辺　ありませんね。

押井　映画を観たり、本を読む人間は人生相談を必要としていないんです。

渡辺　結構、人生相談が増えていたり、悩みを抱える人が多くなっているのは、映画や本に触れる人が少なくなったというのも一因としてあるのかもしれませんね。

押井　人生相談の究極の回答は「本を読みなさい」。そして、もうひとつが「映画を観なさい」。どの相談に対しても、これが最良の答えだと、わたしは思っている。でも、だからと言って、どんな映画でもいいわけじゃない。マイケル・ベイの映画なんて、いくら観ても学べないから。（ロバート・）アルドリッチとか、ちょっと前のハリウッド映画の監督たちの作品。彼らは全部、人生を語っているから。

渡辺　『飛べ！フェニックス』（65）とか『北国の帝王』（73）とか、おそらくいま観てもちゃんと勉強になると思いますね。

押井　若い頃に観た映画でも、年を取って観ると気づくことってあるじゃない？　いつも言っている『ハスラー』なんて、学生のときはポール・ニューマンかっこいいとか、ジョージ・C・スコット渋いとか思っていたけど、60歳になって観直したら、そういう「かっこいい」映画じゃなく「ルーザー（失敗者）」の話だったということに、やっと気づいたわけだ。だから、映画は三度は観たほうがいいし、小説も何度も読み返したほうがいい。

渡辺　私は学生時代、『ハリーとトント』（74）が大好きだった。でも、社会に出ていろいろとイヤなこと、悩みを抱えているときに、もう一度この映画を観るチャンスが来て、観るのをためらったんです。「あのときのように感激しなかったら、自分の感性はくたびれちゃったのかもしれない」って。でも、思い切って観たら、同じように感動できた。すっごく嬉しくて、次のステップが決まりましたね。

押井　そういうこともある。わたしも『トーキング・ヘッド』（92）で、「映画は三度観る必要がある」というセリフを使いましたから。

渡辺　（ブライアン・）デ・パルマも「映画は繰り返し観る芸術だ」と言っていました。

押井　間違いなくそうです。ドストエフスキーを読むのはハードルが高すぎるから映画。それもハリウッドの娯楽映画。芸術映画でもなく、日本映画でもない。ハリウッド映画が役に立って、日本映画がダメな理由って判る？

渡辺　ハリウッド映画のほうが脚本やセリフがいいから？

押井　作る動機が違うんです。日本映画は基本的に情緒なんですよ。たとえ人生を語っても、背中や後ろ姿で語らせたりする。やっぱり女って生きて行くの辛いよねとか、お父さんは辛すぎるとか。辛いのは判った、じゃあどうすればいいのかという答えを絶対に言わないのが日本映画。ハリウッド映画はちゃんと言う。

何が違うかというと、映画に対する価値観が違うの。日本のお客さんは映画に教訓などを求めない。映画を観て泣きたいだけなんです。しんみりしたらいい映画を観た気分になる。笑わせるのは本当に大変だけど、泣かすのは簡単だからね。いいレイアウトでいい音楽を流せばいい。心中ものだったり道行もの、瞼の母ものなど、日本人は江戸時代からずっと泣かせることに一生懸命だった。日本のエンタテインメントは泣かすことだったんですよ。

渡辺 言われてみれば、映画のCMでも、泣いている観客をよく映してますね。ということは、いまもそうなんですね？

押井 いまでもそうです。若い子はみんな感動したがっている。「泣けました」「涙が止まりません」が誉め言葉になっている。涙を流したいのであって、大笑いしてすっきりしたいわけじゃない。

「殿様ご落城」という言葉、これは追い詰められた殿様が、自分の奥さんや子どもを切り殺して、自分も腹を切ることなんだけど、そういうお涙頂戴の典型を「ご落城」といって、もう一種のパターンになっている。泣くことが最高のエンタテインメントなんですよ。じゃあ、日本人にとっての笑いは何かというと、猥談なんです。日本に洗練された笑いはないんです。

渡辺 そう言われてみれば『寝ずの番』（06）という喜劇系の映画を観ましたが、笑いのネタが下ネタばかりで驚いた記憶がありますね。

押井　下ネタなら、その辺のおばさんも笑えるけど「泣く」となると非日常だった。だから芝居や語り、講談や浄瑠璃に取り入れられたんです。だから日本人は、映画のみならず、スポーツでもコンサートでも、感動して涙を流したがる。そうすると、ちょっと自分が浄化されたような気分にもなる。

渡辺　アメリカと日本、映画に求めるものがまるで違うんですね。

押井　アメリカは多民族国家だから価値観を語らなきゃいけない。ハリウッド映画は国家統合のシンボルなので、共通の価値観を作り出す使命があるんです。彼らはずっと価値観を語ってきたから、そこには必ず生きる上での教訓が含まれている。もっと言えばイデオロギッシュなんですよ。

たとえばディズニーのアニメーション『わんわん物語』（55）であっても、階級の統合を描いている。名門白人タイプのコッカー・スパニエルと移民系の野良犬の恋愛だよね。そういうことを映画に込めるんです。

渡辺　そうでしたね。ハリウッドの脚本家が書くセリフに常々、感動してしまうんですが、それはちゃんと人生を反映させているからですもんね。

押井　そうです。日本人はそういうセリフは、まず書けない。泣かせることはできても、人生をにじませるようなセリフは無理。だから、映画を観て人生相談の答えが欲しいならハリウッドの娯楽映画を観なさいと言っているんです。

そして、もしアニメをおススメするなら、ジブリじゃなくわたしの作品を観なさい。ジブリアニメは願望を描いているだけ。わたしは情緒をことごとく排除して作ってきたから、おススメです！

２０２３年２月

押井守(おしい・まもる)
映画監督。1951年生まれ。東京都出身。1977年、竜の子プロダクションに入社。スタジオぴえろを経てフリーに。おもな監督作品に『うる星やつら　オンリー・ユー』(83)、『うる星やつら2　ビューティフル・ドリーマー』(84)、『機動警察パトレイバー the Movie』(89)、『機動警察パトレイバー2 the Movie』(93)。『GHOST IN THE SHELL / 攻殻機動隊』(95)はアメリカ『ビルボード』誌セル・ビデオ部門で売り上げ1位を記録。『イノセンス』(04)はカンヌ国際映画祭コンペティション部門に、『スカイ・クロラ The Sky Crawlers』(08)はヴェネツィア国際映画祭コンペティション部門に出品された。2016年ウィンザー・マッケイ賞を受賞。最新作は、構成・脚本を務めたアニメシリーズ『火狩りの王』(23)。

構成・文　渡辺麻紀(わたなべ・まき)
映画ライター。『TV Bros.WEB』、『S-Fマガジン』、『アニメージュ』などに映画コラム、インタビューなどを寄稿。聞き手・構成・文を担当した本に、押井守監督の『押井守のサブぃカルチャー70年』、『誰も語らなかったジブリを語ろう 増補版』、『押井守のニッポン人って誰だ!?』、『シネマの神は細部に宿る』(すべて東京ニュース通信社刊)等があるほか、『ぴあ』アプリでは、連載『押井守の あの映画のアレ、なんだっけ?』の聞き手・執筆を担当している。

押《おし》井《い》守《まもる》の人《じん》生《せい》のツボ 2.0《にーてんぜろ》

第1刷　2023年3月31日

著者
押井守

構成・文
渡辺麻紀

発行者
石川究

発行
株式会社東京ニュース通信社
〒104-8415 東京都中央区銀座7-16-3

電話
03-6367-8015

発売
株式会社講談社
〒112-8001 東京都文京区音羽2-12-21

電話
03-5395-3606

印刷・製本
株式会社シナノ

カバーイラスト・中面挿絵
高橋将貴

DTP
キッドインク(堀内菜月)

装丁・デザイン
キッドインク(石塚健太郎)

編集
桜木愛子

ISBN 978-4-06-531425-8